Erich H. Heimann

Selbst Dachgeschoss und Keller ausbauen

Compact Verlag

Alle Anleitungen wurden sorgfältig
erprobt – eine Haftung kann
dennoch nicht übernommen werden.
Redaktion: Anne Kaspar
Umschlaggestaltung: Ingeborg Cisse
Umschlagfotos: F. v. Müller Dachziegelwerke,
Eisenberg/Pfalz (große Abb.)
StoAG, Stühlingen (kleine Abb.)
Produktionsleitung: Martina Baur
Druck: Color-Offset GmbH, München
ISBN 3-8174-2266-0
2222667

Besuchen Sie uns im Internet:
www.compactverlag.de

Ein Wort zuvor

Selbermachen – ein Hobby, das heute für Millionen zur sinnvollen Freizeitbeschäftigung geworden ist. Ob es sich nun um die gemietete Altbauwohnung oder um die eigenen vier Wände handelt, mit etwas Geschick und einer fachmännischen Anleitung lassen sich oft verblüffende Ergebnisse erzielen: bei kleineren Reparaturen, beim Renovieren und Verschönern und beim Um- und Ausbauen.

Und Selbermachen bringt Spaß. Freude an der eigenen Arbeit, deren Ergebnis man Tag für Tag sehen und »bewundern« kann; es spart Geld, mit dem sich langgehegte Wünsche erfüllen lassen, und es macht unabhängig von Handwerkern, auf die man womöglich wochenlang und schließlich vergeblich gewartet hat.

Fachgeschäfte, Heimwerker- und Baumärkte versorgen den Hobby-Handwerker mit allen Werkzeugen und Materialien, die er braucht. Doch richtiges Werkzeug und Begeisterung allein reichen nicht aus. Unerläßlich sind eine gründliche Vorbereitung und Fachkenntnisse, wie eine Arbeit durchzuführen und was dabei zu beachten ist.

COMPACT PRAXIS **Selbst Dachgeschoß und Keller ausbauen** zeigt, wie man's macht. Mit wertvollen Tips und Tricks, die sich in der Praxis tausendfach bewährt haben. Jeder Arbeitsgang wird ausführlich Schritt für Schritt gezeigt und in Bild und Text erläutert. Übersichtliche Symbole zeigen auf einen Blick, mit welchem Schwierigkeitsgrad, welchem Kraft- und Zeitaufwand Sie bei jedem Arbeitsgang rechnen müssen, welche Werkzeuge Sie brauchen und wieviel Geld Sie durch Ihre eigene Arbeit einsparen können.

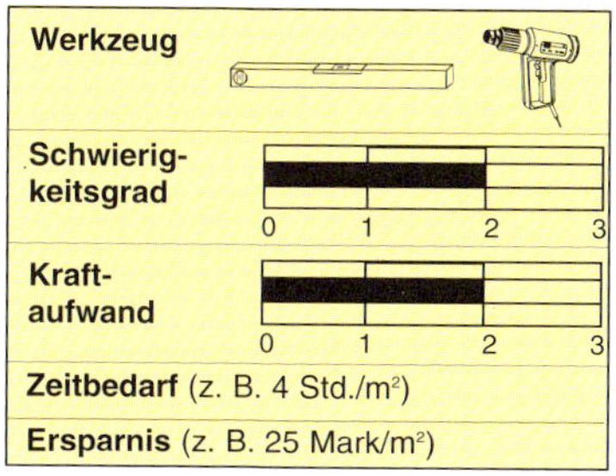

Und so stufen Sie sich richtig ein:

Schwierigkeitsgrad 1 – Arbeiten, die auch der Ungeübte ausführen kann. Es ist nur geringes handwerkliches Geschick erforderlich.

Schwierigkeitsgrad 2 – Arbeiten, die einige Übung im Umgang mit Werkzeug und Material erfordern. Es ist handwerklich durchschnittliches Geschick notwendig.

Schwierigkeitsgrad 3 – Arbeiten, die fachmännische Übung erfordern. Überdurchschnittliches Geschick ist erforderlich.

Kraftaufwand 1 – Leichte Arbeit, die jeder bequem erledigen kann.

Kraftaufwand 2 – Arbeiten, die eine gewisse körperliche Kraft voraussetzen.

Kraftaufwand 3 – Arbeiten für kräftige Heimwerker, die keine »Knochenarbeit« scheuen.

Auf einen Blick

Fachkunde

Ist das Dach zum Ausbau geeignet? 6
Was ist genehmigungspflichtig? 7
Ausbauschritte: Das kommt auf Sie zu 8
Vom Keller zur Souterrainwohnung 10
Austausch oder Nachrüstung: die Heizung 12
Wasser- und Stromversorgung 14

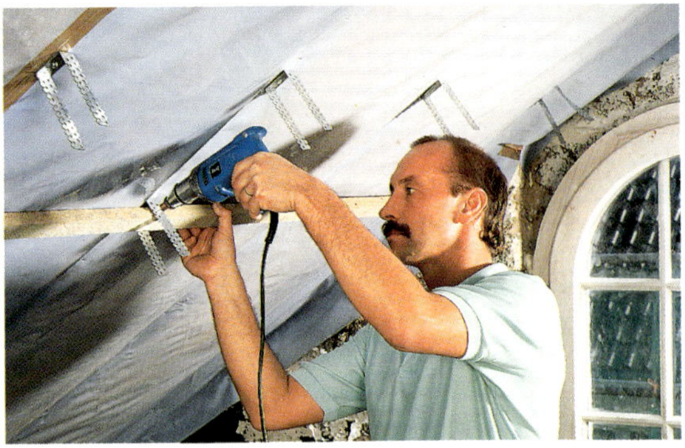

Materialkunde

Dämmstoffe und ihre Eigenschaften 16
Systeme für den Innenausbau 18
Ausbau mit Mörtel und Kelle 21
Fenster und Gauben 22
Treppen nach Maß 24
Türrahmen und Türblätter 25
Wandbekleidungen 26
- Tapeten 26
- Dekorputze 26
- Keramische Beläge 26
- Profilholz und Paneele 26

Bodenbeläge 27
- Elastische Bodenbeläge 27
- Holzböden 27
- Laminat 27
- Fliesen 27

Werkzeugkunde

Die wichtigsten Werkzeuge 28

Grundkurse

Kellerwand trockenlegen 30
- Vertikale Abdichtung 30
- Horizontale Abdichtung 32

Dachdämmung 34
- Aufsparrendämmung 34
- Zwischensparrendämmung 34
- Einbau der Dämmung 36
- Untersparrendämmung 36
- Einbau der Dampfsperre 37

Innendämmung für Wände und Decken 38
Zuschnitt und Bearbeitung der Platten 40
Wand- und Deckenbekleidung 42
Trennwände errichten 44
Estrich: naß oder trocken? 45
- Zementestrich 45
- Trockenestrich 45

Kellerböden dämmen und abdichten 46
Dachböden: Trittschalldämmung einbauen 47
Mauern mit Dünnbettmörtel 48
Innenputz verarbeiten 49
Badausbau mit Vorwandinstallation 50
- Vorwandmodule aufstellen 50
- Abwasserrohre verlegen 51
- Trinkwasserleitungen aus Kunststoff verlegen 51

Arbeitsanleitungen

Wohnen unterm Walmdach 52
Trittschalldämmung einbauen 60
Eine Spindeltreppe einbauen 64
Dachflächenfenster fürs Kinderzimmer 68
Arbeitszimmer abtrennen 72
Türmontage selbst gemacht 76
Kellerfenster mit Abböschung 78
Dachausbau mit Gipskarton 82
Traumbad im Keller 86
Ein Büro im Gewölbekeller 90

Sachwortregister 95

Abbildungsverzeichnis 96

Ist das Dach zum Ausbau geeignet?

Der Grundstein zum Gelingen jedes Bauvorhabens ist eine solide Planung. Gerade wenn Sie den Großteil der Ausbauarbeiten später selbst durchführen wollen, sollten Sie frühzeitig einen Architekten oder einen Baufachmann hinzuziehen, den Sie – gegebenenfalls – dann ohnehin zur Antragstellung bei der Bauaufsichtsbehörde brauchen. Er wird zunächst mit Ihnen klären, ob sich Ihr Dach zum Ausbau eignet und ob Kosten und Nutzen in einem vernünftigen Verhältnis stehen. Dabei kommt es unter anderem auf folgende Faktoren an:

Drei unterschiedlich gut geeignete **Dachformen** zeigt die Zeichnung unten: Das Satteldach **(1)** bietet – sofern ein ausreichend steiler Neigungwinkel gegeben ist – gute Voraussetzungen für einen Ausbau.
Etwas ungünstiger für die Gewinnung neuen Wohnraums sind Walmdächer **(2)**: Ihre allseitigen Schrägen vermindern den nutzbaren Raum. Licht und Luft können zudem nur durch aufwendige Dachflächenfenster und Gauben ins Dachgeschoß gelangen.
Grundsätzlich »ausbaufähig« ist dagegen das Mansarddach **(3)** dank der raumschaffenden Abkantung. Neben der Dachform ist vor allem die **Größe** des voll nutzbaren (mindestens 2,20 m hohen) Raums entscheidend: Die Zeichnung unten rechts verdeutlicht, daß die Grundfläche des Dachbodens hier mitunter täuscht. Bedenken Sie, daß durch die Bekleidung der Schrägen und den Bodenaufbau noch bis zu 30 cm Raumhöhe verloren gehen!
Auch die zimmermannsmäßige **Dachkonstruktion** kann die Ausbaumöglichkeiten einschränken: Störende Mittelpfosten, tiefsitzende Kehlbalken und ähnliches mehr machen mitunter aufwendige konstruktive Änderungen erforderlich.
Nicht selten wird auch die Frage des Aufgangs zum Problem: Ein zum Wohnraum ausgebautes Dach sollte durch eine nicht allzu steile **Treppe** von mindestens 80 cm Breite erreichbar sein.
In bewohnten Dachräumen sollte die **Fensterfläche** etwa 10% der Grundfläche betragen (gerechnet ab 1,60 m Raumhöhe). Klären Sie, ob dieser Richtwert in Ihrem Fall erreicht werden kann.
Ebenso wichtig ist die Frage der **Installationen**: Heizung, Strom und gegebenenfalls Wasser müssen in der Regel erst noch auf den ehemaligen Dachboden gelegt werden. Nur ein Fachmann kann prüfen, ob das bestehende Versorgungssystem ausreicht und welche Möglichkeiten der Installation in Ihrem Fall in Frage kommen.
Last not least ist eine genaue **Schadensanalyse** erforderlich: Von Insekten befallenes oder morsches Holz, verwitterte Dachziegel und Dachabdichtungen oder auch Setzrisse in der Giebelwand sind Schäden, die vor einem Ausbau unbedingt behoben werden müssen.

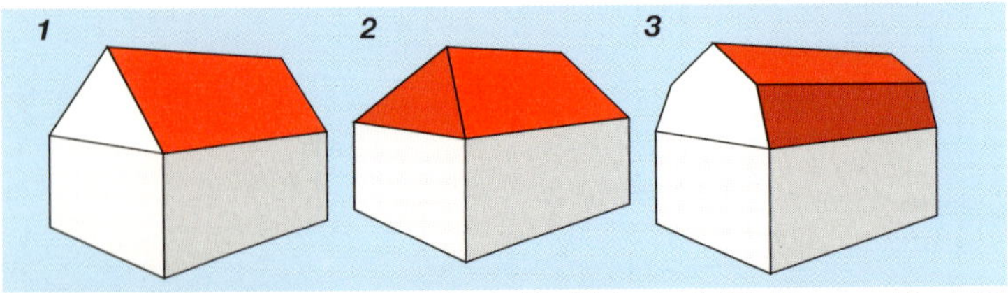

Häufige Dachformen: Satteldach (1), Walmdach (2), Mansarddach (3)

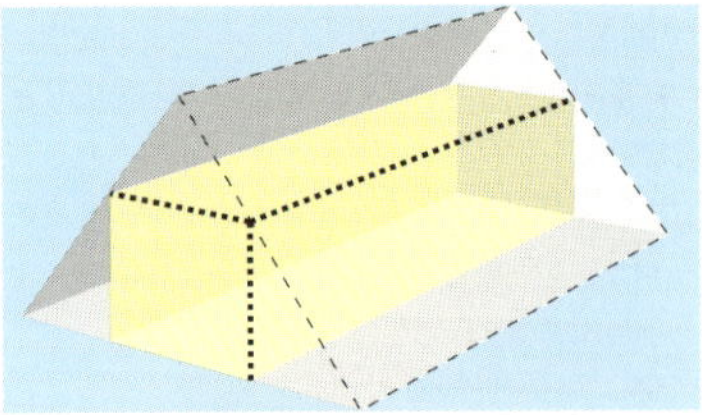
Voll nutzbarer Dachraum

Was ist genehmigungspflichtig?

Jeder Dachausbau ist eine genehmigungspflichtige Nutzungsänderung. Leider ist die jeweilige **Bauordnung** Ländersache, so daß es keine bundesweit verbindlichen Richtlinien gibt. Darüber hinaus sind zum Teil auch noch Vorschriften der kommunalen Gestaltungssatzung zu erfüllen. Trotz dieser unnötig komplizierten Rechtslage gilt: Auch wenn Sie Ihr Dach komplett in Eigenregie ausbauen wollen, sollten Sie unbedingt eine Baugenehmigung einholen: In erster Linie geht es dabei nämlich um Ihre Sicherheit. So wird die Behörde beispielsweise prüfen, ob ein ausreichender Brandschutz gewährleistet ist, ob im Notfall Rettungswege vorhanden sind und ob auch die Belange des Umwelt- bzw. Gesundheitsschutzes erfüllt werden (Wärme- und Schalldämmung, Belichtung und Belüftbarkeit usw.). Ebenso müssen natürlich auch alle statischen und bautechnischen Belange geprüft werden.

Soll im Dachgeschoß eine eigene Wohnung entstehen, sind weitere Auflagen zu erfüllen: Diese betreffen unter anderem die Mindestflächen für Abstell- und Trockenräume, den Zugang sowie das Vorhandensein von Küche, Bad und PKW-Stellplatz.

Ausbaufähig – darüber entscheidet letztlich die Baubehörde

Profitip

Nehmen Sie mit der zuständigen Behörde Kontakt auf, bevor Sie mit der konkreten Planung beginnen. Hier informiert man Sie gerne, welche Vorschriften zu beachten sind.

So gewinnen Sie »Planungssicherheit« und sparen sich manchen Ärger bei der späteren Antragsbearbeitung.

Auch über Fördermöglichkeiten kann man Sie hier aufklären!

Nachweispflichtig: Brandschutz

Ausbauschritte: Das kommt auf Sie zu

Wenn Ihr Dachgeschoß alle wichtigen Ausbau-Kriterien erfüllt, bleibt noch eine Frage: Trauen Sie selbst sich den Ausbau zu?
Bei der Antwort will Ihnen dieses Buch helfen, indem es alle wichtigen Arbeiten erläutert, die notwendigen Materialien und Werkzeuge vorstellt und Ihnen dann auch mit zahlreichen Tips und Tricks bei der Realisierung zur Seite steht.
Eines vorab: Ganz ohne Profis geht es nur selten. Aber ein einigermaßen geschickter Heimwerker kann durch Eigenleistung an richtiger Stelle bis zu 50% der Baukosten sparen. Erfahrungsgemäß neigen viele künftige Bauherren dazu, den Zeitaufwand für die eigene Arbeit zu unterschätzen. Ohne Helfer aus dem Bekannten- oder Verwandtenkreis ist ein solches Projekt kaum zu bewältigen. Überlegen Sie in jedem Fall genau, bei welchen Arbeiten sich Ihr Einsatz wirklich lohnt und welche Gewerke Sie besser dem Fachmann überlassen. Oft können Sie mit dem jeweiligen Handwerker auch »Hand in Hand« arbeiten, indem Sie ihm einfache, aber lohnintensive Arbeitsschritte abnehmen.
Einen Überblick über die wichtigsten Bereiche eines Dachausbaus bietet die Zeichnung rechts.

Normalerweise beginnt die Baumaßnahme mit dem Einsetzen zusätzlicher **Fenster**. Bei geschickter Planung können Sie bereits hier bares Geld sparen: Fenster in den Giebelseiten sind preiswerter und einfacher einzubauen als Dachflächenfenster. Letztere sollten – bei ausreichend großen Sparrenfeldern – so dimensioniert werden, daß sie zwischen zwei Sparren passen: das vereinfacht den Selbsteinbau beträchtlich. Besonders reizvoll, aber sehr aufwendig ist der Einbau von **Gauben**: Bei diesem grundsätzlich genehmigungspflichtigen Eingriff in die Dachkonstruktion sollten Sie in jedem Fall einen Profi einschalten.
Auch bei den notwendigen **Installationen** können Sie Geld sparen: Planen Sie Räume mit Wasseranschluß möglichst so, daß Sie aneinander angrenzen und durch gemeinsame Ver- und Entsorgungsleitungen erreichbar sind.
Bei der Heizungsplanung kommt es darauf an, ob die bestehende Anlage für den zusätzlichen Bedarf ausreichend dimensioniert ist. Wenn nicht, gibt es neben dem kompletten Austausch der Anlage auch die Möglichkeit, das Dachgeschoß mit einer eigenen Etagenheizung oder Elektrospeichern auszustatten.

Vor allem bei größeren Ausbau-Projekten sollte das Dachgeschoß durch einen eigens abgesicherten Stromkreis versorgt werden.
Bei allen Installationsmaßnahmen ist die arbeitsintensive Leitungsverlegung ohne weiteres in Eigenleistung möglich: Anschluß und Abnahme sollten Sie aus Sicherheits- und Gewährleistungsgründen einem Fachmann überlassen.
Ob Sie die **Treppe** zum Dachgeschoß selbst aufstellen können, hängt unter anderem vom Grundriß und der Deckenkonstruktion ab. Wenn die Durchgangsöffnung ohne größere Eingriffe in die bestehende Decke integriert werden kann, ist die Selbstmontage durchaus möglich.
Die nächsten Bauabschnitte sind dann die eigentliche Domäne des Heimwerkers: bei den nicht allzu komplizierten, aber sehr zeitintensiven Arbeiten ist eine Menge Geld einzusparen. Sie beginnen mit der **Dämmung und Abdichtung der Schrägen**. Anschließend müssen die Dachflächen und eventuell auch die Giebelwände mit **Ausgleichslattung** und **Beplankung** versehen werden. Zu diesem Abschnitt gehören gegebenenfalls auch die Anlage eines **Drempels** und einer **Zwischendecke**.

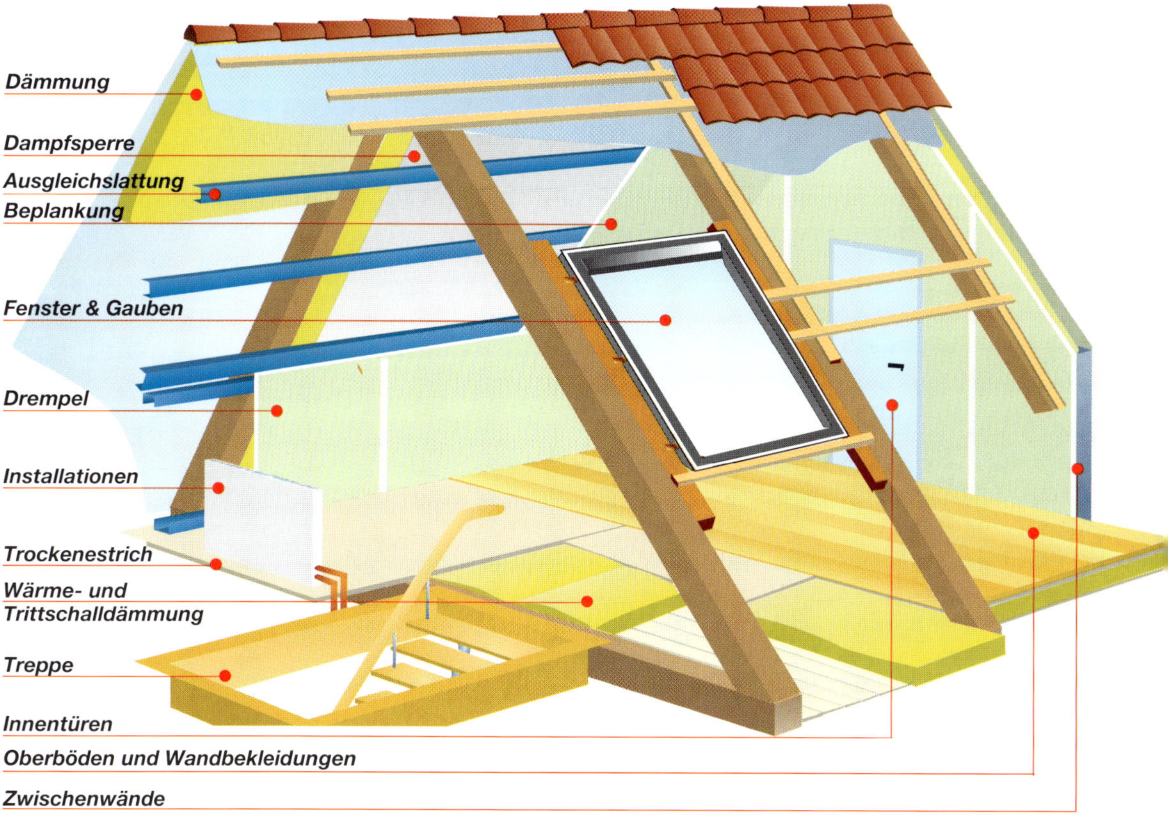

Den nun folgenden **Bodenaufbau** mit **Trittschalldämmung** und **Trockenestrich** kann ein einigermaßen versierter Heimwerker ebenfalls ohne Profihilfe bewältigen. Allerdings muß zuvor in jedem Fall die Deckenstatik geprüft worden sein. Als nächstes steht – gegebenenfalls – die Errichtung von **Zwischenwänden** und der Einbau der **Innentüren** an: Dank moderner, heimwerkerfreundlicher Materialien und Systeme können Sie auch hier auf Profihilfe verzichten. Das gleiche gilt schließlich für den letzten Arbeitsschritt, die **Gestaltung der Wände** und das **Verlegen der Oberböden**.

Vom Keller zur Souterrainwohnung

Auf den folgenden Seiten werden detailliert alle Arbeiten abgehandelt, die beim Kellerausbau auf Sie zukommen können. Einen Überblick vermittelt die Zeichnung rechts. Wie hoch der Aufwand an Arbeitskraft und Geld letztlich ist, hängt davon ab, wie Sie die Räume nutzen wollen.

Klären Sie auch vorab, ob für Ihre Ausbaupläne ein **Bauantrag** erforderlich ist. Sollen Räume zum ständigen Aufenthalt (sprich: Wohnräume) entstehen, handelt es sich in jedem Fall um eine **genehmigungspflichtige Nutzungsänderung.** In diesem Fall kommen Sie um die Inanspruchnahme eines Architekten oder von sonstigen Vorlagenberechtigten nicht herum. Zwar sind – wie beim Dachausbau – die Auflagen des Bauordnungsrechts in den einzelnen Bundesländern verschieden, in jedem Fall wird die Behörde jedoch folgende Punkte prüfen:

- **Die Raumhöhe** muß mindestens 2,30 m betragen. Ist diese Höhe nicht gegeben, hilft oft nur das Ausgraben und Tieferlegen des Kellerbodens.
- **Belichtung und Belüftung:** In Wohnräumen sind normale Kellerfenster unzulässig. Die Fensterfläche soll 10% der Grundfläche eines Raums betragen (ausgenommen Bäder, sofern die Entlüftung gewährleistet ist). Liegt Ihr Keller zu weit unter Erdniveau, kann die Belichtung unter Umständen durch eine Abböschung erreicht werden.
- **Treppen und Rettungswege:** Der Keller muß über eine sogenannte »notwendige Treppe« erreichbar sein, die mindestens 80 cm breit und nicht zu steil ist. Mitunter sind weitere Treppen als Rettungswege erforderlich.
  Grundsätzlich gilt: Erkundigen Sie sich möglichst frühzeitig bei der Bauaufsichtsbehörde nach den einschlägigen Vorschriften!

Unabhängig von der späteren Nutzung steht am Anfang jeder Ausbaumaßnahme die Überprüfung des Kellers auf Feuchtigkeit.
Sind Wände oder Boden feucht, müssen die Ursachen durch einen Fachmann geklärt werden. Mit ihm können Sie dann auch geeignete Sanierungsmaßnahmen festlegen.
Bei feuchten Kellerwänden wird er in der Regel die **senkrechte Abdichtung, Dämmung und Drainung der Kellerwände** von außen empfehlen. Ist dies nicht möglich, gibt es verschiedene, bedingt taugliche Möglichkeiten einer Sanierung von innen. In manchen Fällen genügt auch die **waagerechte Abdichtung der Wände** unmittelbar über dem Kellerboden. Dafür ist in diesem Fall dann zusätzlich die **Abdichtung und Dämmung des Bodens** erforderlich.
Oft sind feuchte Keller auch nur auf die schlechte Wärmedämmung und Belüftung zurückzuführen.

Der Einbau von **Fenstern** und **Lichtschächten** sowie die Anlage von **Abböschungen** wird in der Regel parallel zu den Dämm- und Dichtarbeiten erfolgen. Bei der Vergrößerung von Fensteröffnungen sind häufig neue Stürze erforderlich, deren Berechnung nur ein Statiker vornehmen kann.
Installationen für Heizung, Wasser- und Stromversorgung gehören ebenfalls in diesen Bauabschnitt. Hier gilt: Planung, Anschluß und Abnahme sind Sache des Fachmanns. Ein häufiges Problem bei Kellerräumen ist die Höhe des Kanalanschlusses: Liegt der Keller unterhalb der Rückstau-Ebene, ist die Anlage eines Pumpenschachts oder einer Hebeanlage erforderlich, durch die die anfallenden Abwässer und Fäkalien zum nächstgelegenen Abwasser-

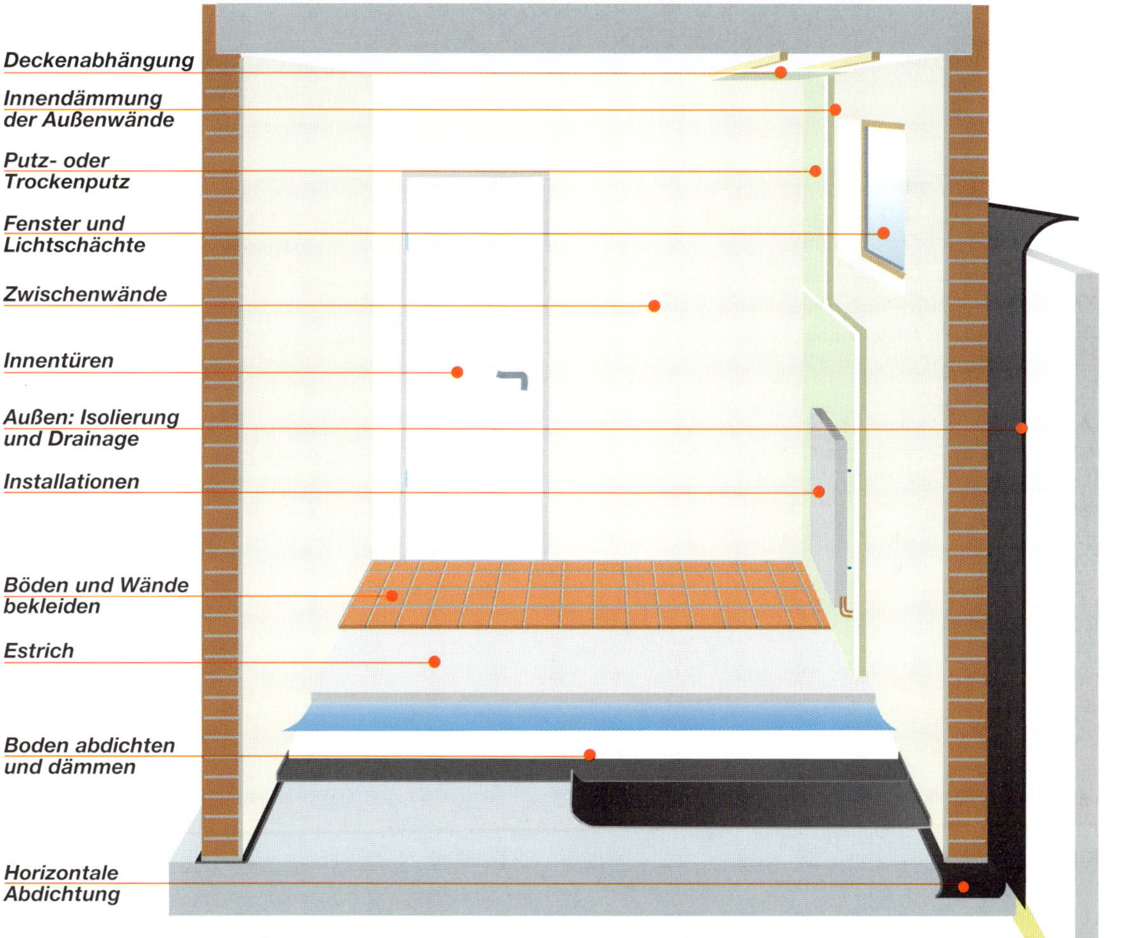

rohr transportiert werden. Als nächstes werden gegebenenfalls **Zwischenwände** und **Türen** eingebaut. Es folgen **Estricharbeiten** und eventuell auch das **Abhängen der Decken**. Zum Schluß müssen dann auch hier noch **Oberböden** und die **Wände** gestaltet werden.

Austausch oder Nachrüstung: die Heizung

Profitip
Die Frage der Heizungsinstallation sollte am Anfang Ihrer Ausbauplanung stehen. Lassen Sie sich von einem Fachmann beraten: Er kann das optimale Heizkonzept ermitteln und die Wärmebedarfsberechnung erstellen.

Nicht selten ist ein Ausbauvorhaben der Anlaß für die Modernisierung der alten, unwirtschaftlichen und vielleicht auch ökologisch bedenklichen Anlage durch eine energiesparende Niedertemperatur- oder Brennwertheizung. Erstere kommen dank korrosionsbeständiger Kessel mit wesentich niedrigeren Vorlauftemperaturen aus, bei letzteren wird sogar noch den Verbrennungsabgasen die Wärmeenergie entzogen, bevor sie in den Schornstein gelangen.
Aber Vorsicht: Bei der Umstellung auf solche Geräte muß in der Regel auch der Schornsteinquerschnitt durch Einsetzen eines Innenrohrs aus Keramik oder Edelstahl reduziert werden, damit die kühleren Abgase nicht bereits unterwegs kondensieren und so zur Versottung des Schornsteins führen. Eine solche Kaminsanierung kostet in der Regel zwischen 2 000 und 4 000 Mark. Immerhin wird die Heizungsmodernisierung in den meisten Ländern und Kommunen öffentlich gefördert. Erkundigen Sie sich bei den zuständigen Stellen.

Wer es sich zutraut, kann die neue Heizung sogar selbst installieren: Es gibt mittlerweile eine ganze Reihe von Anbietern für Selbstbauheizungen. Diese Firmen übernehmen Planung, Materialanlieferung, Baubetreuung und Abnahme, während die arbeits- und damit kostenintensive Installation (nach Anleitung) in Ihrer Hand bleibt.

Lassen Sie sich aber vor Vertragsabschluß unbedingt Referenzobjekte in Ihrer Nähe nennen oder erkundigen Sie sich bei den Verbraucherverbänden nach der Seriosität des betreffenden Anbieters. In jedem Fall sollten Sie sich parallel von einem Installateur ein Angebot machen lassen: Oft ist er nur unwesentlich teurer. Außerdem können Sie auch mit ihm absprechen, welche Arbeiten Sie (nach seiner Anleitung) selbst ausführen .

Sofern die Kapazität Ihrer Heizung für die Versorgung der zusätzlichen Räume ausreicht, bietet sich eine **Erweiterung** der vorhandenen Anlage an. Allerdings müssen auch in diesem Fall Heizungsrohre vom Heizungsraum in die neu ausgebauten Räume gelegt werden: Eine zumindest beim Dachgeschoßausbau aufwendige und zeitraubende Arbeit, bei der es mit der Rohrverlegung allein meist nicht getan ist. Durchbrüche und Schlitze müssen aufgestemmt und anschließend wieder vermörtelt und verputzt werden, die beschädigten Wand- und Bodenbeläge müssen wieder ausgebessert werden. Beim Austausch und bei der Erweiterung sollten Sie überlegen, ob Sie den Warmwasserbedarf nicht über eine dezentrale Warmwasserversorgung – etwa einen elektrischen Durchlauferhitzer – abdecken. So werden Leitungsverluste vermieden und die Rohrinstallation bedeutend vereinfacht.

Vor allem wenn Sie mit Gas heizen, ist der Einbau einer **zusätzlichen Etagenheizung** häufig die einfachste und wirtschaftlichste Lösung beim Dachausbau.

Heiz- (nur Heizung) oder Kombithermen (Heizung und Warmwasser), wie man sie für eine Etagenheizung benötigt, passen zur Not sogar in einen Küchenoberschrank. Neben raumluftabhängigen Geräten, die an einen Kamin angeschlossen werden müssen, gibt es auch sogenannte Außenwandthermen. Verbrennungsluft und Abgase werden bei diesen Geräten direkt durch die Außenwand geleitet. Ein Kamin ist nicht erforderlich.

Bei Keller- und Dachausbau sind **elektrische Raumheizungen** häufig eine bedenkenswerte Alternative. Moderne Elektroheizgeräte, sogenannte Wärmespeicher, sind preiswert in der Anschaffung und im Handumdrehen installiert: Sie benötigen nur einen Stromanschluß. Rohrverlegung, Gasanschluß etc. entfallen. Trotz raffinierter elektronischer Steuerungen sind die Verbrauchskosten allerdings immer noch höher als bei Gas oder Öl. Außerdem lassen Sie sich schlechter regeln. Für nur kurzzeitig beheizte Räume wie Bäder oder Hobbyräume eignen sich auch die sogenannten Direktheizgeräte.

Sicherheitstip
Elektrische Heizungen und Warmwasserbereiter müssen von einem Fachmann aufgestellt und angeschlossen werden. Damit ist bei diesen Geräten die Installation bereits abgeschlossen.

Bei **Öl- oder Gasheizungen** geht es nach dem Aufstellen erst richtig los: Zur Heizraum-Installation gehört der elektrische Anschluß, der Öl- oder Gasanschluß, die Verbindung von Brenner und Heizkessel und die Montage des Armaturenblocks mit Thermometern, Umwälzpumpe und Druckmessern. Dann steht die Rohrverlegung an. Als Alternative zur Unterputzinstallation bietet sich gerade im Ausbaufall die Aufputzverlegung der Heizungsrohre an. Dabei verdeckt man die Rohre mittels spezieller Fußleisten bzw. Wandverkleidungen. Wenn die ausgebauten Räume ohnehin einen neuen Estrich brauchen, können die Rohre auch im Boden verlegt werden. Bei Trockenestrichen »versteckt« man sie einfach in der Trockenschüttung.

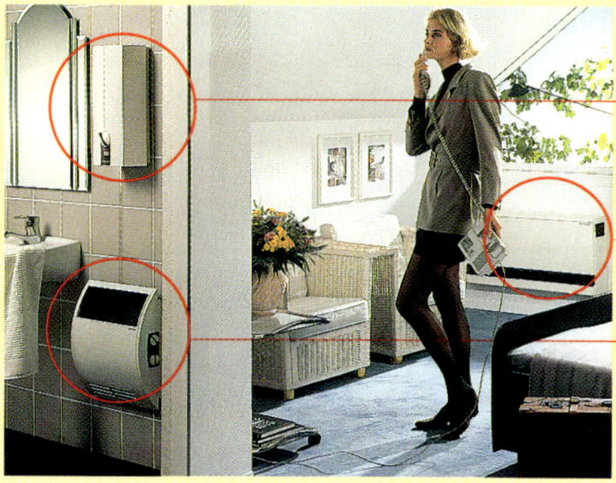

Elektronischer Durchlauferhitzer: warmes Wasser ohne Leitungsverluste

Elektrische Speicherheizung: günstig in der Anschaffung, einfacher Einbau

Direktheizungen: Alternative für Räume mit kurzzeitigem Heizungsbedarf

Kunststoffrohre oder Aluminium-Kunststoff-Verbundrohre werden von der Rolle verlegt, passend zugeschnitten und mittels Klemmverbindungen verschraubt: Für einen geschickten Heimwerker ist das kein Problem (vgl. S. 50). Kupferrohre müssen dagegen verlötet werden: Eine Arbeit, die Sie schon aus Gewährleistungsgründen einem Fachmann überlassen sollten.

Bei der Montage der Heizkörper und bei der Rohrisolierung können Sie dann wieder Lohnkosten sparen. Auch Fußbodenheizungen sind problemlos selbst zu verlegen.

Wasser- und Stromversorgung

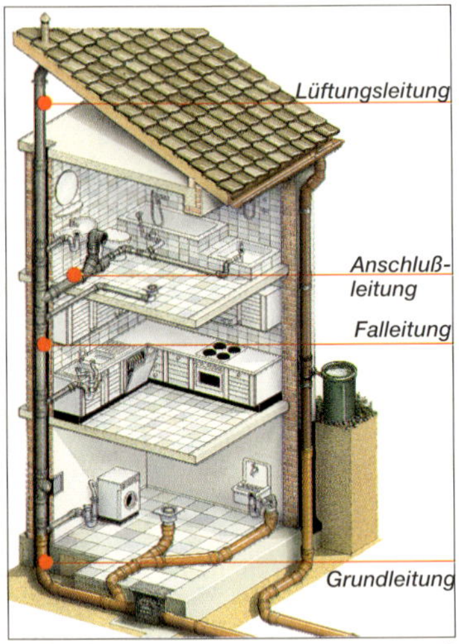

1

2

1 Das Schnittbild zeigt, wie die **Hausentwässerung** funktioniert: Von den Verbrauchsstellen aus werden die **Anschlußleitungen** zur durchgehenden **Falleitung** gelegt. Sie führt das Abwasser der **Grundleitung** im Keller zu, durch die es ins öffentliche Kanalnetz abgeleitet wird. Damit im Leitungssystem kein Unterdruck entsteht, mündet das Fallrohr in einer **Lüftungsleitung**, die durch das Dach nach außen geführt wird.

In der Regel bestehen die Abwasserleitungen heute aus Kunststoff: die grauen **HT-Rohre** werden für Lüftungs-, Anschluß- und Falleitungen verwendet, die braunen **KG-Rohre** für die Grundleitung.

Da Anschlüsse an die Falleitung auch nachträglich erfolgen können, gibt es beim Ausbau in der Regel keine Probleme: Im Keller ist das Fallrohr meist leicht zugänglich und beim Dachausbau kann man die Lüftungsleitung nutzen. Allerdings müssen die Anschlußleitungen mitunter noch verkleidet werden: Man kann sie zum Beispiel in einem aus Porenbeton oder Trockenbauplatten gefertigten Sockel unterbringen oder hinter einer Vorwandinstallation (S.50).

Normalerweise fließen alle Hausabwässer aufgrund eines durchgehenden Gefälles bis zum Kanalanschluß ab. Schwierig wird es, wenn beim Kellerausbau Abwässer unterhalb der **Rückstauebene** (Oberkante Schachtdeckel der öffentlichen Kanalisation) anfallen. Reicht das Gefälle gerade noch aus, muß zumindest ein **Rückstauverschluß** eingebaut werden. In anderen Fällen hilft nur eine **Förderanlage**. Für Duschen oder kleine Bäder sind Kleinförderanlagen erhältlich, die das Abwasser mit einer Pumpe bis zum nächsten Fallrohranschluß transportieren.

2 Oft sind diese Absaugpumpen direkt in die Sanitärobjekte integriert. Neben solcherart ausgestatteten Klosetts gibt es auch sogenannte Komplettduschen. Sie besitzen außer der Fördereinrichtung auch noch einen Wasserboiler, so daß zum Betrieb nur ein Kaltwasserzulauf erforderlich ist.

Bei größeren sanitären Anlagen unterhalb empfiehlt sich die Installation einer **Hebeanlage**. Dabei werden die Abwässer in einen Schacht geleitet, in dem eine automatisch arbeitende Pumpe für die permanente Entwässerung sorgt.

Das **Trinkwasser-Leitungssystem** gliedert sich in die **Steigleitungen**, die das Wasser vom Hausanschluß (bzw. dem Warmwasserspeicher) zu den einzelnen Stockwerken transportieren, und die **Stockwerksleitungen**, in denen es dann zu den Verbrauchsstellen geführt wird. Der traditionelle Werkstoff ist Kupferrohr, das mit Hilfe spezieller Fittings zusammengesteckt und verlötet wird. Die Kupferrohr-Installation sollten Sie einem Fachmann überlassen: Eine einzige »kalte« Lötstelle kann schlimme Folgen haben! Eine Alternative für Heimwerker ist die Installation mit Kunststoffrohr, das man von der Rolle verlegt und mit Schraubfittings verbindet (S. 51).

Die Verlegung der Rohre erfolgt entweder unter Putz in Wandschlitzen, die nachträglich wieder verputzt werden, oder auf Putz: Hier kann man die Rohre entweder mit speziellen Sockelleisten verkleiden oder in eine Vorwandinstallation integrieren. Eine weitere Möglichkeit bringt die Trockenbautechnik mit sich: Die Installationsleitungen können hier im Hohlraum zwischen den beiden Wandschalen verlegt werden (S. 40ff.).

Auch die Planung der **Elektroinstallation** gehört ganz an den Anfang Ihres Ausbauvorhabens. Überlegen Sie genau, wie Sie Ihre neugeschaffenen Räume ausstatten wollen. Benötigen Sie nur Lichtleitungen und Steckdosen, oder soll auch ein Telefonanschluß verlegt werden? Brauchen Sie vielleicht einen Drehstromanschluß in Ihrer Werkstatt? Soll im neuen Wirtschaftsraum eine Waschmaschine betrieben werden, die einen eigenen Stromkreis benötigt?
Wenn Ihre Planung steht, sollten Sie sie mit einem Fachmann durchsprechen. Er wird prüfen, wie weit und mit welchem Aufwand sich Ihre Vorstellungen realisieren lassen.

Wo man die erforderlichen Leitungen nicht durch bestehende Leerrohre verlegen kann, bleiben zwei Alternativen: Entweder Sie beginnen mit dem Stemmen der Schlitze für die **Unterputzverlegung** oder Sie entscheiden sich für eine **Aufputzinstallation,** bei der man die Leitungen in speziellen Kabelkanälen auf der fertigen Wand oder am Anschluß Wand/Boden verlegt.

3 Vor allem bei der Verwendung von Fußbodenkanälen fällt solch eine Aufputzverlegung kaum auf. Es gibt Systeme, in denen fast die gesamte Hausinstallation Platz findet. Zum System gehören passende Steck- und Antennendosen, Taster etc., die sich problemlos in die Leisten integrieren lassen.

Sicherheitstip
Ihr Einsatz bei der Elektroinstallation sollte sich auf die Herstellung der Wandschlitze oder das Verlegen von Kabeln und Kanälen beschränken. Auf keinen Fall sollten Sie Tätigkeiten ausführen, wo Sie direkt mit Strom in Berührung kommen können. Die eigentliche Elektroinstallation gehört auf jeden Fall in die Hand eines Fachmanns. Strom ist lebensgefährlich!

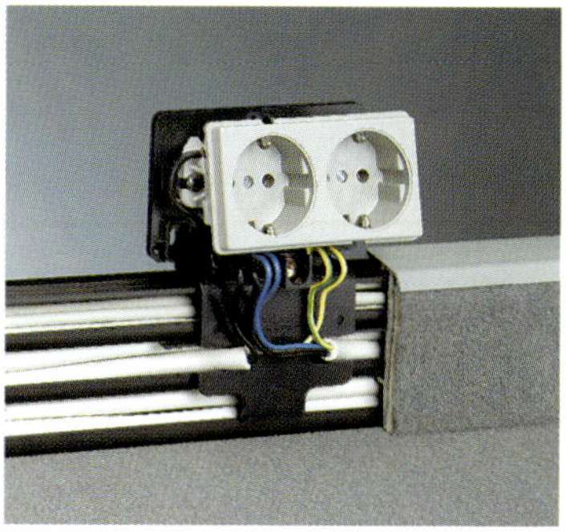

3

Dämmstoffe und ihre Eigenschaften

Mineralwolle

Die Industrie hat eine Reihe von Dämmstoffen entwickelt, mit denen Sie Ihr Haus rundum warm einpacken können. Das Maß für die Dämmeigenschaften dieser Materialien ist der **k-Wert**. Generell gilt: Je niedriger dieser Wert, desto besser die Wärmedämmung.

Je nach Einsatzgebiet spielt auch das Brandverhalten der Dämmstoffe eine Rolle. Wie alle Baustoffe teilt man deshalb auch die Dämmstoffe in die verschiedenen **Brandschutzklassen** ein:
A1/A2 = nicht brennbar;
B1/B2 = schwer entflammbar.

Hinsichtlich ihrer stofflichen Beschaffenheit kann man Dämmstoffe in drei Gruppen unterteilen:

Matten und Filze lassen sich aufgrund ihrer Flexibilität gut einpassen, können jedoch keine tragenden Funktionen übernehmen. Sie werden bevorzugt zur Wärmedämmung von Dachschrägen, Decken und Wänden eingesetzt.

Plattendämmstoffe finden ebenfalls Verwendung in diesem Einsatzbereich. Da sie in der Regel über eine höhere Druckfestigkeit verfügen, können sie darüber hinaus aber auch als tragende Unterkonstruktion an Wand und Boden eingesetzt werden. Um die fugenlose Verlegung zu erleichtern, sind solche Dämmplatten häufig mit Nut und Feder ausgestattet.

Schüttungen (Flocken oder Körner) sind zwar sehr effektiv, lassen sich aber nur bei luftdichten zweischaligen Konstruktionen in Wand, Dachschrägen und Decken einbringen. Schüttungen aus Zellulose und Kork können zudem nur vom Fachmann und mit Spezialgeräten verarbeitet werden.

Neben dieser Untergliederung kann man Dämmstoffe auch hinsichtlich des verwendeten Materials unterscheiden:

Hartschaum-Dämmstoffe aus **Polystyrol**, **Polyurethan** und **Phenolharz** (k-Wert 0,025-0,045, Brandschutzklasse B1 und B2) gibt es als Platten, Blöcke und Formteile. Sie sind preiswert, feuchtigkeitsunempfindlich und hochwärmedämmend. Aufgrund ihrer Steifigkeit ist allerdings das fugenfreie Einbringen mitunter nicht ganz einfach.

Mineralfaser-Dämmstoffe (k-Wert 0,035-0,045; Brandschutzklasse A1/A2) aus Glas- oder Steinwolle sind preiswert und leicht zu verarbeiten. Sie werden als Filze, Matten, Rollen, Platten und als Stopfwolle angeboten. Dank ihrer Faserstruktur wirken sie zugleich schalldämmend. Mitunter nachteilig ist ihre Nässeempfindlichkeit.

Ökotip

Seit langem standen Mineralfasern im Verdacht, Krebs zu erzeugen. Inzwischen bieten einige Firmen jedoch Fasern mit erhöhter Biolöslichkeit an, bei denen nach heutigem Kenntnisstand eine Krebsgefährdung ausgeschlossen ist.
Zum Schutz Ihrer Gesundheit sollten Sie nur Produkte kaufen, bei denen der Hersteller diese höhere Biolöslichkeit garantiert.

Zunehmend gefragt sind natürliche Dämmstoffe: Dazu zählen Matten, Vliese und Filze aus **Schafwolle** (k-Wert 0,040-0,045), **Baumwolle** (0,040) und **Kokosfasern** (0,045-0,050), Platten und Schüttungen aus **Zellulose** (0,040-0,045) und **Kork** 0,040-0,055). Bei vergleichbaren Dämmeigenschaften sind diese Produkte allerdings meist deutlich teurer als konventionelle Dämmstoffe. Außerdem bieten sie einen geringeren Brandschutz (B2). Die Ausnahme: Schüttungen aus dem Vulkangestein **Perlit** (0,045-0,060) und aus **Blähton** (0,070-0,100). Sie gehören zur Brandschutzklasse A1.

Eine Schnittstelle zwischen Dämmstoff und Trockenbauplatte bilden **Holzfaserplatten** (0,045-0,06; B2) und **Holzwolle-Leichtbauplatten** (0,090-0,150; B1). Sie werden verwendet als wärmedämmende Unterkonstruktion für Schrägen, Wände und Decken und sind hervorragend als Putzträger geeignet. Holzwolleplatten gibt es ebenso wie Gipsbauplatten als **Verbundelemente** mit aufgeklebter Mineralfaser- oder Polystyrolplatte.

Blähperlit

Zellulose

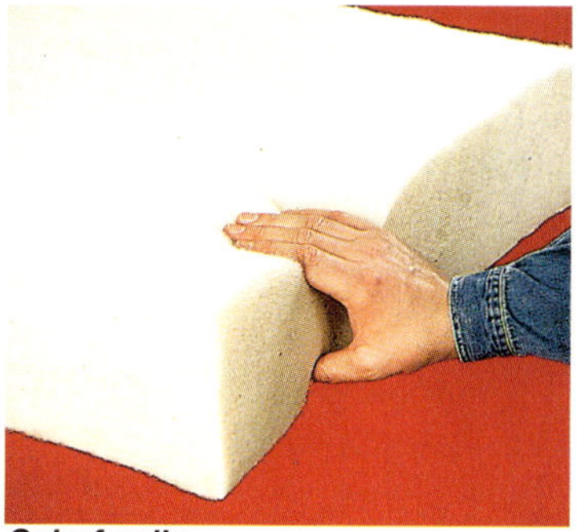
Schafwolle

Verbundplatten

Systeme für den Innenausbau

Der Klassiker unter den Ausbauplatten ist die **Gipskartonplatte**. Sie besteht aus einem Gipskern, der mit Karton ummantelt ist. Die meisten Platten haben auf der Sichtseite eine abgerundete Längskante, die das Verspachteln der Fugen erleichtert.
Für den Einsatz in Feuchträumen gibt es die grünen, imprägnierten **Feuchtraum-Platten**.
Feuerschutz-Platten bestehen aus Spezialgips, der von einem nichtbrennbaren Vlies umschlossen ist.

Die gängigsten Plattendicken:

- 6-mm-Platten: trocken biegbare Elemente für geschwungene Wand- und Deckenkonstuktionen.
- 9,5/10/12,5-mm-Platten: Standard-Platten zur Beplankung von Wänden, Decken und Schrägen.
- 15/18-mm-Platten: gängige Maße vor allem für Feuerschutzplatten.
- 20/25-mm-Platten: »Massivbauplatten« und »Paneel-Elemente« (zweilagig mit Falzkante) für Wände, Decken und Schrägen bei erhöhten Anforderungen an Wärme-, Schall- und Brandschutz.

Die 200 oder 250 cm langen Platten werden meist in den Breiten 60/62,5 oder 125 cm angeboten. Massivbauplatten und Paneel-Elemente gibt es aus Gewichtsgründen nur in 60/62,5 cm Breite. Erhältlich sind auch **Verbundplatten** mit einer Mineralwolle- oder Hartschaumlage.

Profitip
Immer häufiger findet man das Kleinformat 100 x 150 cm: Mit diesen handlichen Platten können Sie auch ohne einen Helfer Ihre Decken oder Schrägen beplanken.

Spezielle Platten bzw. Elemente verwendet man zur Herstellung von **Trockenestrichen**. Hier sind zwei Systeme üblich:

- Die 20-25 mm dicken, meist 600 x 2000 mm großen Trokkenestrich-Elemente bestehen aus 2-3 aufeinandergeklebten Gipskartonplatten. Auch hier gibt es Verbund-Ausführungen mit einer Dämmschicht aus Polystyrol.
- Das zweite System besteht aus Einzelplatten, die in zwei Lagen aufeinandergelegt werden (übliches Plattenmaß: 12,5 x 1250 x 900 mm).

Systemkomponenten Wand: Gipskartonplatten können auf Unterkonstruktionen aus Holz oder Metallprofilen aufgeschraubt werden. Bei den **Metallprofilen** unterscheidet man UW-Profile zum Aufbau der Grundkonstruktion und CW-Profile, die als Ständer in die UW-Profile eingesteckt werden. Ein **Dichtungsband** sorgt für die Entkopplung zwischen Profil und den Raumanschluß. Zur Plattenmontage verwendet man **Schnellbauschrauben**, die es für Befestigungen in Holz und Metall gibt. Das Verspachteln der Schraubstellen und Fugen erfolgt mit **Fugenspachtelmasse**. Für Decken- und Wandanschlüsse gibt es **Trennwandkitt** aus der Kartusche.
Gipskartonplatten kann man auch direkt auf die Wand kleben. Bei ebenen Wänden kann man dazu einfach die Fugenspachtelmasse aufzahnen. Bei unebenen Wänden verwendet man **Ansetzmörtel**, der in Batzen auf die Platte aufgebracht wird. Zur Montage von Sanitärobjekten und anderen schweren Lasten gibt es **Traversen** und **Tragständer**, die Sie in die Metall-Unterkonstruktion einsetzen, aber auch zur Vorwandinstallation verwenden können. Zum Einbau von Türen sind **Stahlzargen** erhältlich.

Systemkomponenten Decke: Auch hier können die Platten direkt auf eine Holzunterkonstruktion (Lattung und Konterlattung) aufgeschraubt werden. Zur Abhängung der Holzkonstruktion gibt es **Direktabhänger**: U-förmig abgekantete Lochbleche, die einen schnellen Niveauausgleich ermöglichen. Noch einfacher ist die Deckenmontage mit **Metall-Unterkonstruktionen**. Die »Lattung« erfolgt hier mit CD-Profilen. Zur Abhängung gibt es verschiedene **Abhängesysteme** (Direktabhänger, Nonius-Abhänger, Schnellabhänger). Zur Verbindung von Grund- und Traglattung sind **Profilverbinder** erhältlich.

Systemkomponenten Schräge: Auch hier sind Holz- und Metall-Unterkonstruktionen möglich. Die Verwendung von Direktabhängern kann den Niveauausgleich erleichtern.

Systemkomponenten Boden: Trockenestrich-Elemente können direkt auf den Rohfußboden gelegt werden. Als Trennlage ist das Auslegen einer **PE-Folie** ratsam. Zur Verbesserung der Dämmung und für den Niveauausgleich gibt es **Trockenschüttungen** aus Perlit.

Unterkonstruktion aus Holz

Mit Metallständern: Trennwand

Abhängesystem für die Decke

Spezialplatten für Trockenestriche

Perlcon-Board für feuchte Einsätze

Hartschaum-Ausbauplatten

Für den Niveauausgleich auf dem Trockenestrich eignen sich selbstverlaufende **Fließspachtelmassen**. Zur Entkopplung des schwimmenden Estrichs sind **Randdämmstreifen** aus Mineralfaser oder Polystyrol erforderlich. Zum Verleimen der Platten bzw. der Nut-Feder-Verbindung gibt es spezielle **Unterboden-Kleber**. Die Fugen zwischen den Platten füllt man auch hier mit **Fugenspachtelmasse**. Für die dauerelastische Anschlußfuge zur Wand benötigen Sie **Silikon** aus der Kartusche.

Neben der Gipskartonplatte gibt es eine Reihe anderer Plattenwerkstoffe, die im Trockenbau allgemein oder für spezielle Aufgaben Verwendung finden:

Gipsfaserplatten werden aus Gips und Altpapierfasern gepreßt und besitzen keine Ummantelung. Grundsätzlich kommen sie für die gleichen Einsatzbereiche in Frage wie Gipskartonplatten. Auch hier gibt es Feuchtraum- und Feuerschutzplatten. Plattendicken: 10/12,5/15/18 mm. Formate: 124,5 x 254/275/300 cm. Allerdings ist das Zubehör-Programm hier noch nicht ganz so umfassend.

Hartschaumplatten mit einer beidseitigen Glasgewebekaschierung werden vor allem in Feuchträumen eingesetzt. Da sie selbst größere Lasten vertragen, sind sie auch für konstruktive Aufbauten (Podeste, Regale) geeignet.
Die Platten können auf Decke, Wand und Boden verklebt oder verschraubt werden. Plattendicken: 6, 10, 20, 30, 40 und 50 mm.

Ebenfalls für den Feuchtraumbereich (Vorsatzschalen, Trennwände und Trockenestriche) wurde das sogenannte **Perlcon-Board** entwickelt. Es besteht aus zementgebundenem Perlit-Gestein und ist rundum mit einem Gewebe verstärkt. Auch diese Platte kann im Klebeverfahren oder auf einer Unterkonstruktion verarbeitet werden.

Holzwolle-Leichtbauplatten (mit oder ohne aufgeklebte Dämmschicht) sind im Innenausbau vor allem als Putzträgerplatten beliebt. Das gleiche gilt für **Holzfaser-** und für **Zelluloseplatten**, die darüber hinaus sehr gute Dämmeigenschaften besitzen. Bei Trockenestrich-Aufbauten kommt auch häufig die **Fußbodenverlegeplatte aus Span** (mit Nut und Feder) zum Einsatz.

Zunehmender Beliebtheit im Innenausbau (Dach, Wand und Boden) erfreut sich die sogenannte **OSB-Platte**, eine Grobspanplatte, die aufgrund ihrer großen Tragfähigkeit auch sehr gut für konstruktive Aufgaben einsetzbar ist.
OSB-Platten werden in verschiedenen Dicken und Ausführungen (imprägniert, Nut-Feder-Kanten etc.) angeboten.

Sicherheitstip
Decken und Wände trocken ausgebauter Räume besitzen einen Hohlraum hinter der Ausbauplatte. Wer hier mit den für massive Bauteile üblichen Dübeln arbeitet, riskiert das Ausreißen der angehängten Lasten. Verwenden Sie also nur Befestigungsmittel, die für die Hohlraummontage geeignet sind. Die wichtigsten davon sind unten abgebildet: Federklappdübel (**1**); Metall-Hohlraumdübel (**2**); Universaldübel (**3**); Gipskartondübel (**4**).

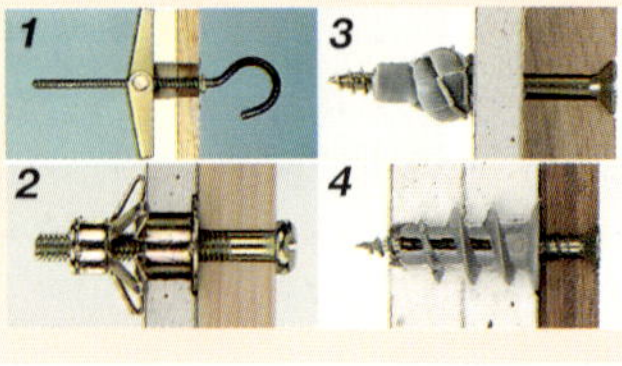

Ausbau mit Mörtel und Kelle

Zum Aufmauern von Innenwänden sind folgende Steinarten besonders geeignet:

***1* Leichtlangloch-** oder **Leichthochlochziegel** bieten gute Schalldämmung und wirken feuchte- und wärmepuffernd. Sie können konventionell und mit Dünnbettmörtel aufgemauert werden.

Kalksandstein-Bauplatten und **-Planblocksteine** haben hervorragende Schalldämmeigenschaften. Auch sie können im Dünnbett vermauert werden. Traditionell aufgemauert wird das **KS-Sichtmauerwerk**, das sich beim Kellerausbau als zeitsparende Alternative zur verputzten Wand anbietet.

Leichtbetonsteine und **-wandbauplatten** sind preiswert und relativ leicht. Auch hier gibt es Steine, die im Dünnbettverfahren verarbeitet werden können.

***2* Porenbetonsteine und -platten** sind ideal für den Innenausbau: Sie haben ein geringes Gewicht, lassen sich mit einer einfachen Handsäge zuschneiden und besitzen außerdem eine hohe Maßhaltigkeit. Sie werden ausschließlich mit Dünnbettmörtel verklebt.

1

2

3

Als **Mauermörtel** für Innenwände können Sie Kalkmörtel (Mörtelgruppe I) oder Kalkzementmörtel (Mörtelgruppe II, IIa) verwenden. Für kleinere Bauvorhaben gibt es fertige Trockenmischungen. Kalkmörtel ist geschmeidiger und einfacher zu verarbeiten, andererseits braucht er eine sehr lange Abbindezeit und ist nicht sehr druckfest.

Dünnbettmörtel werden meist von den Steinherstellern angeboten. Aufgrund der unterschiedlichen Saugwirkung der Mauersteine sind hier für jede Steinart spezielle Rezepturen erforderlich.

***3* Putzmörtel** bestehen wie Mauermörtel aus Bindemitteln und Zuschlagstoffen. Auch sie werden als Trockenmischungen angeboten. Für den Innenausbau kommen reine Gipsmörtel, Gipskalkmörtel und – speziell für Feuchträume – Kalkmörtel in Frage. Bei feuchten Kellerräumen kann allerdings die Verwendung eines wasserundurchlässigen Außenputzes aus Kalkzementmörtel sinnvoll sein.
Schlecht haftende sowie zu stark oder zu schwach saugende Untergründe müssen vor dem Verputzen mit einem sogenannten Spritzbewurf vorbereitet werden.

Fenster und Gauben

Fenster: Große Vielfalt

Ökotip

Holzfenster (und -türen) werden immer noch sehr häufig aus Tropenhölzern wie Meranti oder Mahagoni gefertigt. Damit sie nicht die Zerstörung des Regenwalds fördern, sollten Sie sich nach Möglichkeit für eine einheimische Holzart (z.B. Fichte oder Kiefer) entscheiden. Bei guter Verarbeitung und richtiger Pflege sind diese Hölzer ebenso haltbar wie exotische Arten.

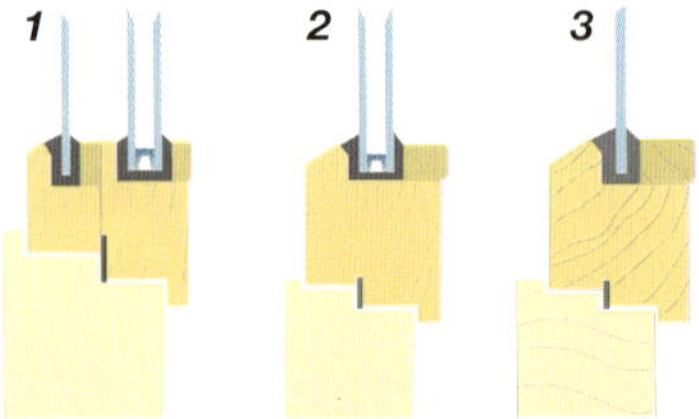

Verglasungsarten

Damit Sie bei der Auswahl Ihres Wohnraumfensters nicht den Durchblick verlieren, hier eine Übersicht über das Angebotsspektrum.

Unübertroffen hinsichtlich Schall- und Wärmedämmung sind **Verbundfenster (1)**, die aus 2-3 Scheiben bestehen. Ihr zweiteiliger Rahmen ermöglicht große Abstände zwischen den Scheiben.

Auch **Isolierglasfenster (2)** bestehen aus 2-3 Scheiben, die allerdings in einen einteiligen Rahmen eingesetzt sind. Durch spezielle Wärmeschutzgläser und eine Edelgasfüllung des Scheibenzwischenraums kann ihre Dämmwirkung noch verbessert werden.

Einfachglasfenster (3) sollten heute auf alle Fälle nur noch in unbeheizten Räumen Verwendung finden.

Kunststoffrahmen der neueren Generation sind weitgehend verwindungssteif, lichtecht und wartungsfrei. Auch hinsichtlich Schall- und Wärmeschutz erzielen sie recht gute Ergebnisse. Wer sich für Kunststoffenster entscheidet, muß allerdings etwas breitere Rahmenprofile in Kauf nehmen.

Holzrahmen sind stabil, besitzen eine gute Wärme- und Schalldämmung, müssen aber regelmäßig gestrichen werden.

Aluminiumrahmen sind zwar relativ teuer, aber aufgrund ihrer Maßhaltigkeit und Verwindungssteifigkeit besonders dicht gegen Schlagregen, Zugluft und Schall. Nicht ganz so gut schneiden sie in punkto Wärmedämmung ab. Auch sie bedürfen regelmäßiger Pflege.

Verbundrahmen (z. B. Aluminium und Holz) nutzen durch geschickte Kombination die Vorteile der verschiedenen Werkstoffe.

Die gebräuchlichste **Öffnungsart** ist der **Dreh-/Kippflügel (4)**. Häufig findet man auch **Doppel-Drehflügel (5)**. Weniger beliebt sind **Schwingflügel (6)** und die senkrecht drehenden **Wendeflügel**. Bei den abgebildeten DIN-Symbolen zeigt jeweils die Spitze des Dreiecks

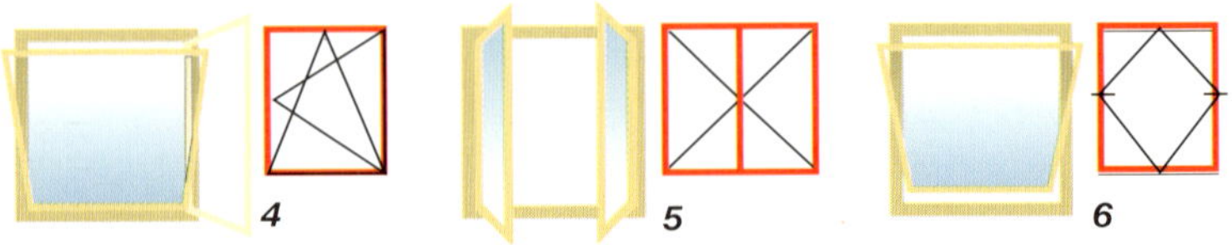

Öffnungsarten von Wohnraumfenstern

die Öffnungsrichtung des Flügels an. Bei Schwing- und Wendeflügeln deuten zwei kleine Striche die Drehachse des Fensters an.

Neben maßgefertigten Fenstern in allen **Größen** und **Formen** gibt es auch wesentich preiswertere Fertigfenster. Überlegen Sie bei der Planung auch, ob Sie Ihr Fenster mit Sprossen ausstatten wollen und ob es durch senkrechte Pfosten oder waagerecht verlaufende Kämpfer unterteilt werden soll.

Dachflächenfenster gibt es in vielen Größen und Ausführungen. Das Rahmenmaterial ist in der Regel ein Holz-Aluminium-Verbund. Auch stahlverstärkte Kunststoffprofile sind erhältlich. Besonderen Wert sollten Sie auf Wämedämmung und Sonnenschutz legen: Neben einer Wärmeschutzverglasung gibt es hier u. a. außenliegende Rolläden oder innenliegende Rollos mit Reflektionsbeschichtung. Weiteres Zubehör: feststehende Zusatzrahmen, Aufkeilrahmen für flache Dachneigungen und Innenfutter.

Neben dem einfachen Schwingfenster, das in geöffnetem Zustand nur bedingt Ausblick gewährt, gibt es auch raffiniertere Lösungen wie das Klappschwingfenter, das sich nach außen aufklappen und um die Mittelachse schwenken läßt.

Fertiggaube

Dachflächenfenster

Fertiggauben, die es in vielen Ausführungen und Ausbaustufen gibt, sind nur bei größeren Ausbauprojekten eine wirtschaftliche Alternative zur zimmermannsmäßigen Anfertigung. Bei der Errichtung einer einzelnen Gaube macht der Aufpreis für die Einzelanfertigung und die Notwendigkeit eines Krans die Ersparnis durch die industrielle Vorfertigung zunichte. Egal, ob vorgefertigt oder individuell erstellt: Das Aufstellen und Eindichten einer Gaube sollten Sie dem Fachmann überlassen.

Kellerfenster sind meist einfachverglast und mit einem sogenannten Mäusegitter ausgestattet. Die Drehflügel sitzen in einem verzinkten Stahlrahmen. Um den nachträglichen Austausch durch ein Wohnraumfenster zu vereinfachen, empfiehlt sich bei Neubauten eine ausreichende Dimensionierung und die Verwendung sogenannter Laibungsrahmen, in die die neuen Fenster später einfach eingeschraubt werden können.

Treppen nach Maß

Spindeltreppe (maßgefertigt)

Spartreppe (Bausatz)

Nach dem Gesetz handelt es sich bei Treppen, die in Wohnräume führen, um **notwendige Treppen,** die als Rettungswege tauglich sein müssen. Unter anderem gibt es Vorschriften über die Mindestbreite einer solchen Treppe (80 cm). Gerade bei Dachausbauten akzeptieren die Behörden häufig aber auch engere Lösungen. Allerdings sollten Sie sich die Aufstiegsarbeit so bequem wie möglich machen. Bedenken Sie, daß vielleicht auch einmal größere Möbelstücke u. ä. zu transportieren sind! Nur falls wirklich kein Platz vorhanden ist, sollten Sie auf eine sogenannte Spartreppe zurückgreifen.

Gerade Treppen sind preiswert, leicht zu erstellen und vereinfachen den Transport größerer Gegenstände. Sie benötigen aber eine rund 400 cm lange Grundfläche.

Bei **gewendelten Treppen** läßt sich der verfügbare Raum besser ausnutzen: Eine Viertelwendelung am Antritt etwa ermöglicht den Treppenansatz in einer Raumecke. Häufig baut man bei gewendellten Treppen ein Zwischenpodest ein.

Wendeltreppen verlaufen um einen Freiraum im Treppenzentrum.

Spindeltreppen wendeln sich dagegen um einen geschlossenen Kern, in der Regel das Standrohr. Wendel- und Spindeltreppen benötigen wenig Platz und bieten meist eine interessante Optik. Allerdings können über solche Treppen kaum noch große Gegenstände transportiert werden.

Steigung (Stufenhöhe), Auftrittiefe und Treppenbreite bestimmen die Bequemlichkeit des Aufstiegs. Ideal ist eine Steigung von etwa 18 cm, ein Auftritt von 29 cm und eine Treppenbreite von mindestens 90 cm. Nur, wenn der Platz dafür nicht ausreicht, sollten Sie sich für eine schmalere und steilere **Spartreppe** entscheiden. Die Extremform ist hier die sogenannte Sambatreppe mit wechselweise ausgeklinkten Stufen.

Fertig- und Bausatztreppen sind in den verschiedensten Größen und Ausführungen erhältlich. Am häufigsten findet man Holz und Stahl-Holzkonstruktionen.

Profitip
In jedem Fall sollten Sie vor dem Kauf einer Spartreppe die Genehmigung der Baubehörde einholen.

Türrahmen und Türblätter

Designtür mit Futter und Bekleidung

Da es heutzutage Standardmaße für Innentüren gibt, kann man sie in aller Regel fertig kaufen und in die Wandöffnung einsetzen.

Türrahmen: Fertigtüren werden meist komplett mit **Futter und Bekleidung** angeboten: Das Futter sitzt in der Wandöffnung, die Bekleidungen umfassen die Türlaibung. Bei **Blendrahmentüren** sitzt der Türrahmen vor der Wandöffnung. **Stahlzargentüren** gibt es mit in der Laibung sitzenden Umfassungszargen und mit vorgesetzten Eckzargen.

Türblätter: Aufwendig und damit auch teurer sind **Rahmentüren**: Ihre Rahmen haben Nuten oder Falze, in denen Holz- oder Glasfüllungen sitzen.
Standard-Innentüren sind die **Sperrtüren** mit glattem Türblatt und Deckfurnier. Entscheidend ist hier der Aufbau der Mittellage. Einfache Ausführungen haben eine Mittellage aus Kartonwaben. Stabiler sind Türblätter mit Röhrenspanstegen. Daneben gibt es auch die robusten, aber schweren Blätter mit Vollspanplatten-Einlage. Sehr guten Schallschutz bieten Mittellagen aus Röhrenplatten.

Wichtige Angaben beim Kauf:
- **Türblatthöhe/Baurichtmaß** (lichte Höhe der Wandöffnung). Normmaße: 198,5/200 cm.
- **Türblattbreite** (gängige Maße siehe Zeichnung; in Klammern das jeweils entsprechende Baurichtmaß).
- **Mauerstärke**. Gängige Maße (inkl. Putz): 10/12,5/14,5/16,5/20,5/27 cm.
- **Öffnungsrichtung**. Entscheidend ist, wo bei geschlossener Tür die Bänder sichtbar sind. Bei einer »rechten Tür« befinden sie sich auf der rechten Seite und umgekehrt.

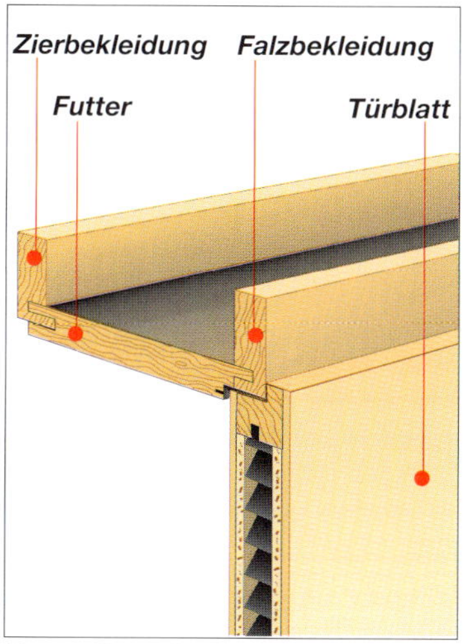

Futtertür im Schnitt

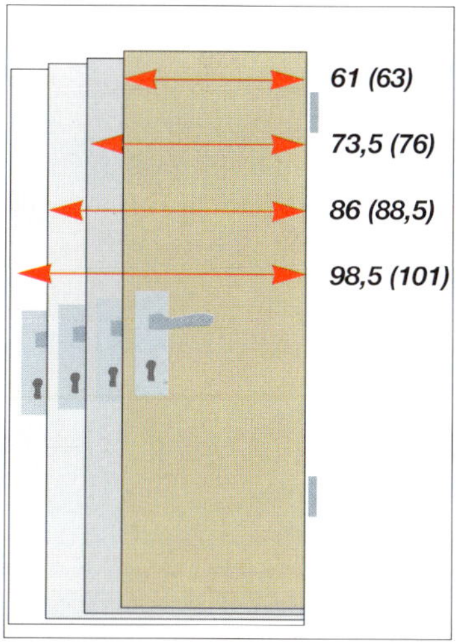

Türblatt- und Baurichtmaße (cm)

Wandbekleidungen

Preiswert: Papierprägetapeten

Große Dekorvielfalt: Paneele

Klassiker unterm Dach: Profilholz

Ökotip
Dispersionsfarben für Innenwände werden in verschiedensten Qualitäten angeboten. Kaufen Sie nur Produkte, die wasch- oder scheuerbeständig nach DIN 53778 und vor allem lösemittelfrei sind.

Tapeten

Neben der guten alten Rauhfaser haben sich heute zwei weitere überstreichbare Wandbeläge etabliert: Die Papierprägetapete – vor allem dank ihrer großen Mustervielfalt – und die Glasfasertapete, die durch ihre Gewebestruktur mit wandverfestigenden Eigenschaften aufwartet.

Das Spektrum an Tapeten reicht von der einfachen Papiertapete über strapazierfähige Vinyl- und Schaumvinyltapeten bis hin zu exklusiven Textil-, Gras- und Metalltapeten. Auch Korktapeten sind wieder modern.

Dekorputze

Ein echtes Heimwerkerprodukt sind die dünnschichtig aufzubringenden Dekorputze auf Mineral- oder Kunstharzbasis.

Reibeputze werden nach dem Aufbringen einfach auf Kornstärke abgezogen und anschließend mit einem Kunststoffreibebrett stukturiert. Roll- und Kellenputze haben kein Korn und können nach dem Aufziehen mit den verschiedensten Hilfsmitteln (z. B. Kelle, Spachtel oder Pinsel) modelliert werden.

Keramische Beläge

Dank moderner Dünnbettkleber können heute auch Wandfliesen von einem einigermaßen geschickten Heimwerker verlegt werden. Die Haupteinsatzgebiete dieses Wandbelags sind natürlich Badezimmer, Küche, Wirtschafts- und Hobbyräume.

Profilholz und Paneele

Profilholzbretter bestehen aus massivem Holz und besitzen an den Längskanten Nut und Feder.

Paneele bestehen meist aus Holzwerkstoffen (Span, MDF) und sind mit einem Furnier oder einer Dekorfolie ummantelt. Auch sie gibt es in Nut-Feder-Ausführung, aber auch mit umlaufender Nut und losen Federn.

Profilbretter und Paneele werden mit Klammern oder Nägeln auf einer Lattenunterkonstruktion befestigt. Da man sie mit Hilfe einer Konterlattung auch direkt auf die Sparren setzen kann, sind sie beim Dachausbau sehr beliebt.

Bodenbeläge

Elastische Bodenbeläge
Teppichboden ist immer noch der meistverlegte Bodenbelag für Wohnräume. Während Naturfaserböden oft pflegebedürftig sind, ist der aus Kunstfasern bestehende Velours-Teppichboden nahezu unverwüstlich. Kunststoffböden aus PVC sind preiswert, langlebig und aufgrund ihrer Dekorvielfalt universell einsetzbar. Sie sind als Bahnenware und als Fliesen erhältlich. Elastische Beläge werden entweder mit Spezialklebern vollflächig verklebt oder mit doppelseitigen Klebebändern fixiert.

Ökotip
Seit kurzem gibt es eine Alternative zu dem ökologisch nicht ganz unbedenklichen PVC-Böden: Beläge auf Polyolefin-Basis. Sie sind allerdings nicht ganz so robust. Umweltfreundlicher sind auch die »natürlichen« Beläge Kork und Linoleum.

Holzböden
Fertigparkett besteht aus einer versiegelten Nutzschicht, einer Mittellage und einer Absperr- und Gegenzugschicht aus Weichholz oder Holzwerkstoff-Platten. Für die Nutzschicht finden die verschiedensten Holzarten Verwendung: Empfehlenswert sind Harthölzer wie Eiche, Esche, Buche oder Ahorn, die den Alltagsbelastungen gut standhalten. Die Nutzschicht sollte mindestens 3 mm dick sein, damit man den Boden später noh abschleifen kann. Einen ähnlichen Aufbau wie Holzparkett hat Korkparkett.

Massivholzdielen neigen naturgemäß zu Schwund und Verwindungen. Sie werden deshalb nicht wie Fertigparkett schwimmend verlegt, sondern auf Lagerhölzer genagelt. Neu als Oberboden sind Grobspandielen aus OSB-Platten.

Laminat
Es besteht meist aus einer druckfesten Holzwerkstoffplatte, die mit einem Dekorpapier und einer extrem widerstandsfähigen Melaminharzbeschichtung versehen ist. Wie Fertigparkett werden die Laminatdielen schwimmend verlegt und in Nut und Feder verleimt.

Fliesen
Sie sind der wohl unempfindlichste Bodenbelag und längst nicht mehr nur in Bädern und Küchen zuhause. Ihr Nachteil: Wenn sie nicht gerade auf einer Fußbodenheizung verlegt sind, bekommt man leicht »kalte Füße«.

Fußwarm: Korkparkett

Holzboden aus Grobspandielen

Die wichtigsten Werkzeuge

Auf diesen beiden Seiten finden Sie Kurzbeschreibungen der wichtigsten Werkzeuge, die Sie für den Ausbau von Dachgeschoß und Keller benötigen. Welche Werkzeuge Sie für einzelne Arbeitsanleitungen brauchen, ersehen Sie aus den Abbildungen unter der Rubrik »Werkzeug«, die Sie bei allen Arbeitsanleitungen finden.

Werkzeuge zum Messen und Richten

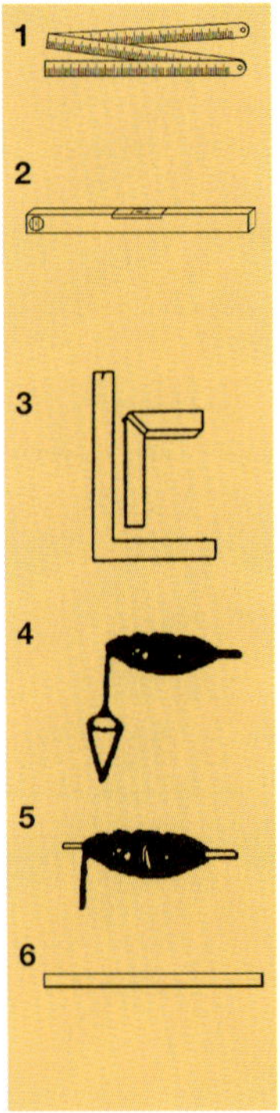

1 **Metermeßstab:** Unverzichtbares Hilfsmittel bei Meßarbeiten.

2 **Wasserwaage:** Zum vertikalen und horizontalen Ausrichten von Bauteilen und Wandbekleidungen; zum Nivellieren von Bodenaufbauten.

3 **Winkelmaß und Schmiege:** Zum winkelgenauen Ausrichten von Bauteilen und zum Ermitteln und Übertragen von Winkeln.

4 **Senklot:** Zum Ermitteln exakt senkrechter Anrisse und zum vertikalen Übertragen von Meßpunkten.

5 **Richtschnur:** Zum Festlegen von Einbauhöhen und Fluchtlinien.

6 **Abziehlehren:** Zum planebenen Einbringen von Schüttgut und Ausgleichsmassen.

Werkzeuge zum Sägen und Schneiden

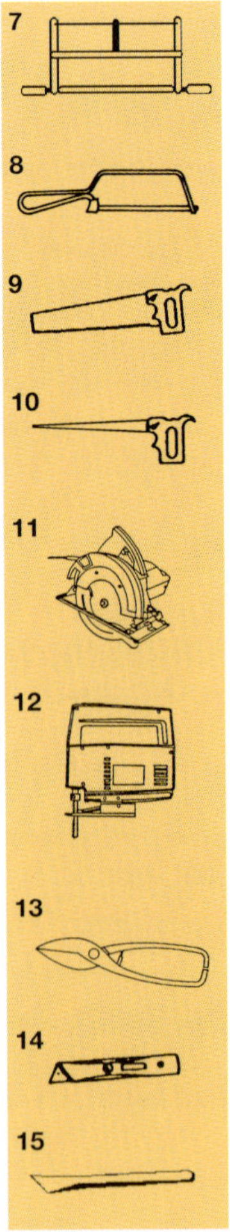

7 **Holzsägen:** Zum Zuschnitt von Holz- und Holzwerkstoffplatten, zum Ablängen von Latten, Dielen, Kanthölzern, etc.

8 **Metallsäge:** Zum Ablängen und Auftrennen von Metallteilen.

9 **Porenbetonsäge:** Zum Zuschnitt von Porenbetonsteinen.

10 **Lochsäge:** Zum Ausschneiden von Löchern in Plattenwerkstoffen; auch als Vorsatzgerät für die Bohrmaschine erhältlich.

11 **Elektrische Handkreissäge:** Universalwerkzeug für gerade Zuschnitte in Plattenwerkstoffen und Kanthölzern.

12 **Elektrische Stichsäge:** Zum Ablängen von Kanthölzern und Plattenwerkstoffen; besonders geeignet zur Herstellung von Schweifungen, Ausklinkungen und Ausschnitten.

13 **Blechschere:** Zum Zuschnitt von Blechen und Blechprofilen.

14 **Cutter:** Zum Schneiden von Gipsbauplatten, Folien und Bodenbelägen.

15 **Meißel:** Zum Abspitzen von Putzen und zur Herstellung von Schlitzen in Wänden und Decken.

Werkzeuge zum Montieren und Befestigen

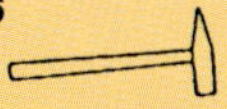

16 Hammer: Unverzichtbar zum Nageln, Meißeln und Stemmen.

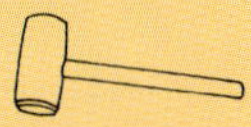

17 Gummihammer: Zum Ausrichten, Zurechtrücken und Festklopfen von Bauteilen.

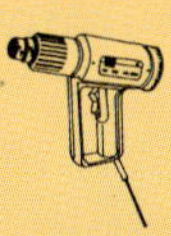

18 Bohrhammer/Schlagbohrmaschine: Zum Bohren in alle Materialien; bedingt auch zum Schrauben geeignet.

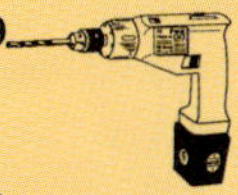

19 Akkuschrauber: Für Verschraubungen in allen Werkstoffen.

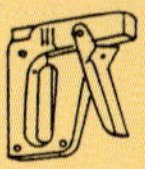

20 Tacker: Zum Befestigen von Folien und dünnen Plattenwerkstoffen auf Holzwerkstoff-Untergründen.

21 Nagelhalter: Unverzichtbar zum Einschlagen kleiner Stifte, etwa bei der Profilholzbekleidung.

22 Versenkstift: Zum Einsenken von Nagelköpfen, etwa bei der Verlegung von Dielenböden; auch als Nagelhilfe zu verwenden.

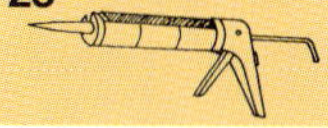

23 Kartuschenspritze: Hilfsmittel zum Ausdrücken von Silikon- und Kleberkartuschen.

Werkzeuge für den Naßausbau

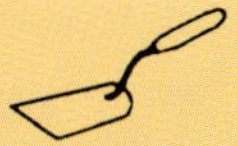

24 Maurerkelle: Zum Anmachen, Mischen und Verarbeiten von Mörtel.

25 Zahnspachtel: Zum Aufziehen von Dünnbettmörtel für Plattenwerkstoffe.

26 Rührstab: Vorsatz für die Bohrmaschine; zum Durchmischen von Mörtel und Kleber.

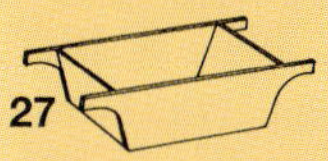

27 Mörtelwanne: Gefäß zum Anmachen von Mörtel und Kleber.

Werkzeuge für die Oberflächenbearbeitung

28 Spachtel: Zum Verspachteln von Fugen und Schraubstellen.

29 Glättkelle: Zum Glätten von Wandoberflächen mit Spachtelmassen und zum Aufziehen von Putzmörtel.

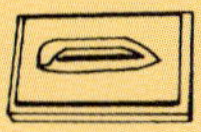

30 Schwammbrett: Zum Glätten von Putzen nach dem Abziehen.

Kellerwand trockenlegen

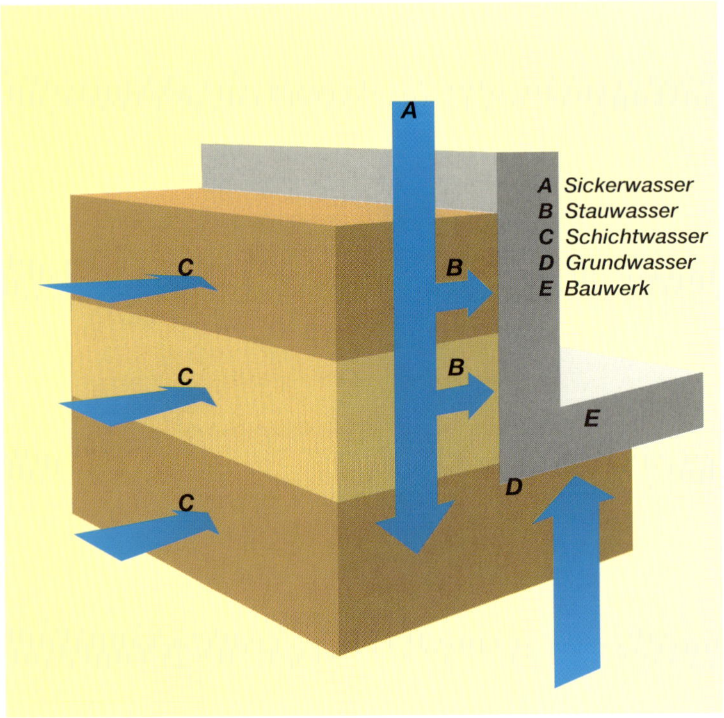

1

Früher wurden weder der Kellerboden noch die Außenwände abgedichtet. Und auch eine Dränage rund um den Keller hat man nicht immer angelegt.

1 Bei solchen Kellern kann anfallendes Sicker-, Stau-, Schicht- oder Grundwasser ins Mauerwerk eindringen. Damit gelangen zugleich gelöste Salze in den jeweiligen Wandbaustoff, die die Wasseraufnahmefähigkeit und damit die Durchfeuchtung weiter verstärken. Mit der Zeit führt dieser Mechanismus zur Schädigung von Steinen, Mörtel und Putz. Da die Feuchtigkeit zudem über Kapillare im Baustoff nach oben transportiert wird, kann im schlimmsten Fall das gesamte Gebäude in Mitleidenschaft gezogen werden.

Sicherheitstip
Die Ursachen der Durchfeuchtung und die Sanierungsmöglichkeiten sollten Sie unbedingt mit einem Fachmann klären. Wer hier auf Profihilfe verzichtet, spart am falschen Ende.

Vertikale Abdichtung

In vielen Fällen ist eine dauerhafte Schadensbehebung leider mit erheblichem Aufwand verbunden: Müssen die Kellerwände senkrecht abgedichtet werden, ist das Aufschachten bis auf Fundamenttiefe meist unumgänglich.

2 Nach dem Ausheben des Schachts wird man zunächst eine **Dränrohrleitung (A)** rund um den Keller führen und in einer **Kieslage (B)** einbetten. Ideal sind Dränagesysteme mit **Spül- und Kontrollschächten (C)**. Nun wird das Mauerwerk senkrecht mit einem speziellen **Dichtanstrich** oder mit **Dichtungsfolien (D)** versehen.
Bei Bruchsteinwänden müssen Sie zuvor die oberste Steinschicht an-

spitzen, Fehlstellen ausbessern und die gesamte Wand mit Spritzbewurf und Kalkmörtel glätten. Den Anschluß zur Bodenplatte führt man zum Schluß mit wasserdichtem Mörtel in Form einer Hohlkehle aus. Die **Hohlkehle** modellieren Sie am besten mit einer Flasche. Zum Schutz der Abdichtung und zur Optimierung der Dränage empfiehlt es sich, die fertigen Wände zusätzlich mit **Dränageplatten oder -matten (E)** und einem **Filtervlies (F)** zu versehen.

3 Die Dränageplatten – hier aus bitumengebundenem Polystyrol – werden einfach aufgeklebt. Sie besitzen natürlich auch wärmedämmende Eigenschaften.

4 Wenn eine Sanierung von außen nicht möglich ist, können Sie feuchte Keller bedingt wieder nutzbar machen, indem Sie die Wände innen mit einer Noppenbahn versehen. Sie sorgt zum einen für permanente Hinterlüftung, zum andern schafft sie wenigstens auf der Wandoberfläche trockene Verhältnisse. In diesem Fall sollten Sie vorher eine Horizontalsperre in Höhe der Geschoßdecke einbauen. Die Noppenbahnen kann man verputzen oder mit Gipskarton bekleben.

2

3

Profitip
Nicht immer kommt die Feuchtigkeit von außen: Bei fehlender Wärmedämmung kondensiert ständig Wasser aus der Luft an den kalten Außenwänden. Auch durch diese Oberflächenkondensation kann es zu Feuchteschäden kommen.
Die Sanierungsmaßnahmen: Wärmedämmung mit Dampfsperre und/oder eine Änderung des Lüftungsverhaltens: Lüften Sie nur, wenn die Außenluft relativ kalt ist und somit nur wenig Wasser binden kann.

4

5

5 Ein sicheres Zeichen für durchfeuchtetes Mauerwerk sind solche Salzausblühungen. In diesem Fall war der Schaden durch aufsteigende Feuchtigkeit verursacht worden. Zunächst muß man das Mauerwerk gründlich reinigen und lose Teile entfernen. Ist die betroffene Wand verputzt, müssen Sie außerdem den salzbelasteten Putz abstemmen.

6-7 Dann bohren Sie unmittelbar über dem Boden mit jeweils 15 cm Abstand eine umlaufende Lochreihe und setzen in jedes Loch einen Spezialdübel mit Injektionsöffnung.

Nun mischen Sie die Mikroemulsion nach Herstellerangaben mit Wasser an und füllen Sie in einen speziellen Druckinjektor.

8 Das Schlauchende des Injektors stecken Sie auf den Spezialdübel und injektieren die Emulsion.

Nach erfolgter Abdichtung sollten Sie salzbelastete Kellerwände mit einem **Sanierputz** behandeln. Durch seine hohe Diffusionsoffenheit fördert er das Austrocknen des Mauerwerks und durch das Einlagern der verbliebenen Salze verhindert er weitere Ausblühungen.

Horizontale Abdichtung

Vor aufsteigender Bodenfeuchtigkeit kann eine vertikale Abdichtung allein Ihr Mauerwerk nicht schützen. Hier muß in jedem Fall auch waagerecht eine Abdichtung eingebaut werden.

Sofern die senkrechte Abdichtung intakt ist, wird man diese Abdichtung in Höhe der Bodenplatte oder kurz darüber einbringen. Bei fehlender Vertikalabdichtung kann man durch eine sogenannte Horizontalsperre unterhalb der Geschoßdecke wenigstens den Wasseraufstieg in die darüber liegenden Geschosse verhindern.

Es gibt verschiedene Verfahren, eine solche Abdichtung auch nachträglich einzubauen. Sie können das Mauerwerk beispielsweise von einem Fachunternehmen stückweise aufsägen und die Schlitze mit Bitumenbahnen füllen lassen. Andere Spezialfirmen rammen Edelstahlplatten in die unterste Mauerfuge.

Ein weiteres System, mit dem Sie Ihr Mauerwerk selbst mit einer Horizontalsperre versehen können, funktioniert auf chemischem Weg: mit einer Mikroemulsion, die ins Mauerwerk injektiert wird.

9 Hierfür bringen Sie zunächst einen sogenannten Spritzbewurf auf. Er dient als Haftbrücke.

10 Anschließend erfolgt der zweilagige Sanierputzauftrag. Damit sich die Lagen gut verbinden, kämmt man die erste Lage nach dem Anwerfen mit einer Zahnleiste auf.

11 Als Endbeschichtung eignet sich ein mineralischer Dekorputz. Er wird einfach mit der Glättkelle aufgetragen, auf Kornstärke abgezogen und dann mit einem Kunststoffreibebrett durchgerieben.

Ökotip

Feuchtigkeit ist ein guter Nährboden für Schimmelpilze. Diese sind nicht nur häßlich, sondern auch gesundheitsschädlich: Ihre Sporen verursachen Atemwegserkrankungen bis hin zu Asthma. Bislang war der Schimmelbefall nur mit Bioziden aufzuhalten, die meist nicht weniger gesundheitsschädlich sind als der Pilz selbst.
Neuerdings gibt es ein System, das ohne Biozide auskommt. Es besteht aus einem diffusionsoffenen Folienanstrich und einem Spezialputz, der als Feuchtepuffer fungiert.

6

9

7

10

8

11

Dachdämmung

1

Ökotip
Sparen Sie nicht an der Dachdämmung. Selten ergänzen sich Umweltschutz und das persönliche Wohlbefinden auf solch ideale Weise. Auch wenn Sie bereits ein ausgebautes Dachgeschoß besitzen, das vor Jahren – wie damals üblich – eher schlecht als recht gedämmt wurde, sollten Sie über eine Zusatzdämmung nachdenken. Maßnahmen zur Wärmedämmung werden in vielen Bundesländern und Kommunen gefördert.

Wärmedämmung ist angesichts der knappen Resourcen und des Treibhauseffekts eine der wichtigsten Maßnahmen bei jedem Bauvorhaben. In der Wärmeschutzverordnung sind die Mindestwerte für die Wärmedämmung von Gebäuden gesetzlich festgelegt. Auch beim Dachausbau müssen Sie diese Werte einhalten. Hierzu gibt es verschiedene Möglichkeiten.

Aufsparrendämmung

Am besten bringt man die Dämmschicht als Außenhaut rund um das Gebäude an – etwa als Wärmedämmfassade oder im Dachbereich als Aufsparrendämmung. Hier bildet die Dämmschicht eine durchgehende Ebene direkt unter der Dacheindeckung. Es gibt spezielle Systeme aus Hartschaum-Platten und -Formelementen sowie aus Mineralwolle.

1 Bei diesem System werden auf den verschalten Dachflächen in regelmäßigen Abständen druckfeste Mineralwollstreifen aufgenagelt. Die Zwischenräume füllt man dann mit Mineralwollmatten von der Rolle, so daß die gesamte Dachfläche mit einer durchgehenden Dämmschicht abgedeckt ist.

Bei Neubauten, oder wenn ohnehin eine neue Dacheindeckung ansteht, ist die Aufsparrendämmung die beste Lösung. Beim nachträglichen Ausbau aber wird man sich trotz der Vorteile nur selten für diese Dämmart entscheiden.

Zwischensparrendämmung

2 Dämmt man Wohnräume auf der Innenseite, entsteht ein Problem: Gelangt warme Luft aus dem Wohraum in den Bereich hinter der Dämmung, kühlt sie ab und es kommt zur Tauwasserbildung. Die allmähliche Durchfeuchtung des Baukörpers und der Dämmschicht

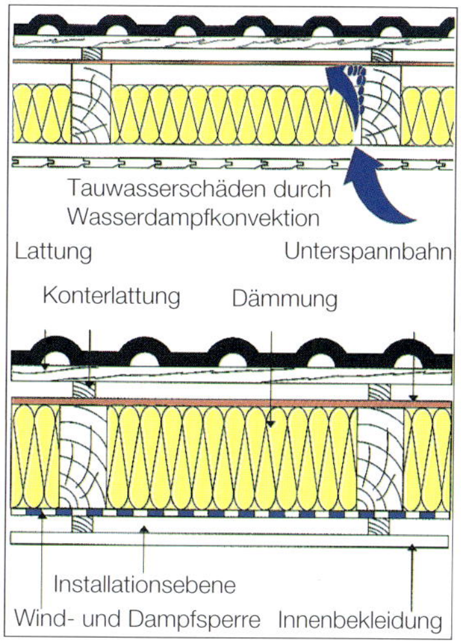

2

sind die Folge. Diesem Effekt begegnet man durch den Einbau einer Dampfsperre vor der Dämmung.

3 Die beim Dachausbau am häufigsten praktizierte Dämmung zwischen den Sparren ist prinzipiell eine Innendämmung; sie sollte mit einer Dampfsperre versehen werden.

Zwei Verfahren sind üblich: Zum einen das **Kaltdach**-Prinzip. Dabei soll zusätzlich zur Dampfsperre eine Hinterlüftung des Dachzwischenraums oberhalb der Dämmung die anfallende Feuchtigkeit

3

4

5

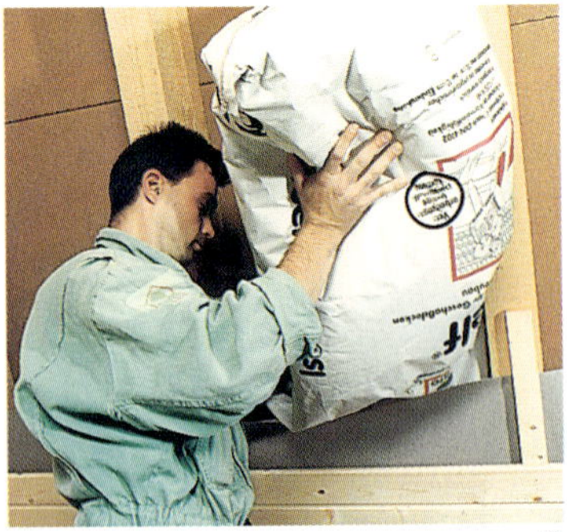

6

abtransportieren. Allerdings fällt dieser Bereich als Dämmebene weg. Angesichts der heute geforderten Dämmstoffdicken ist hier aber jeder Zentimeter wichtig. Dies ist einer der Gründe, warum das Kaltdach-Prinzip heute immer seltener angewandt wird.

Zweitens: das **Warmdach**. Hier verzichtet man auf die Hinterlüftung und verwendet dafür mehr Sorgfalt auf eine dichte Dampfsperre. Vorteil: Der Sparrenzwischenraum kann voll gedämmt werden.

Einbau der Dämmung

Bei der Zwischensparrendämmung geht es zunächst einmal darum, den Dämmstoff fugendicht in die Sparrenzwischenräume zu bringen.

4 Das geht am einfachsten mit faserigen Dämmatten (Mineralwolle, Schafwolle, Baumwolle, Zellulose etc.). Am häufigsten wird die kostengünstige Mineralwolle eingebaut. Es gibt Spezialprodukte, die den paßgenauen Einbau erleichtern: Die dreieckigen **Dämmkeile** legt man entsprechend der Breite des Sparrenfelds zusammen und schneidet die überstehenden Keilspitzen einfach ab. Beim flexiblen **Klemmfilz** wird die benötigte Dämmstoffbreite (Sparrenfeld + 2 cm) von der Rolle geschnitten und zwischen die Sparren geklemmt.

5 Bei den steiferen Hartschaum-Dämmplatten ist das fugendichte Einbringen nicht ganz so einfach. Ihr Vorteil: Sie sind preiswert und feuchtigkeitsunempfindlich.

6 Bei diesem System füllt man den Hohlraum zwischen zwei Schalungen mit einer Perlitschüttung. Für die Dachspitze und schwer zugängliche Stellen gibt es spezielle Gebläse, die man leihen kann.

Untersparrendämmung

Früher war diese Dämmart sehr beliebt: Man montierte Verbundplatten unter die Sparren – fertig. Angesichts heute üblicher Dämmstoffdicken kommt die Untersparrendämmung nur noch als zusätzliche oder nachträgliche Dämmung in Frage. Einfach zu verarbeiten ist das rechts gezeigte Sytem:

7 Zuerst schraubt man sogenannte Direktabhänger auf die Sparren. Bei der nachträglichen Zusatzdämmung kann dies sogar durch die vorhandene Bekleidung erfolgen.

8 Die Dämmatten werden über die Schenkel der Abhänger gedrückt.

9 Nun können Sie Holzlatten oder Metallprofile einlegen, exakt ausrichten und an den Schenkeln der Direktabhänger verschrauben. Die überstehenden Schenkelenden biegen oder schneiden Sie zum Schluß einfach ab.

Einbau der Dampfsperre

Das A und O fürs Gelingen der Dachdämmung ist der fugenlose Einbau der Dampfsperre. Verwenden Sie bei der Sparrenvolldämmung nur die dafür zugelassenen, hochdampfdichten Folien.

10 Die Folie wird bahnenweise von oben nach unten an den Sparren festgetackert. Überlappungsbereiche, Tackerstellen etc. dichten Sie mit einem Spezialklebeband ab.

11 In den Anschlußbereichen (Giebelwand, Boden, Kehlbalken etc.) wird die Folie um die Ecke herumgeführt, auf ein spezielles Dichtband geklebt und mit Hilfe einer Anpreßlatte fixiert.

12 Auch bei nachträglich eingebauten Dachfenstern muß die Folie fugenlos angeschlossen werden.

7

10

8

11

9

12

Innendämmung für Wände und Decken

1

2

Oft ist die Außendämmung von Wänden nicht möglich oder mit einem zu großem Aufwand verbunden. In diesem Fall hilft nur die zweitbeste Lösung weiter: die Dämmung von innen. Diese Innendämmung ist vor allem in zwei Bereichen sinnvoll:

- Zur Komplettierung des Wärmeschutzes beim Dachausbau. Hier kann die Dämmung dünnwandig aufgemauerter Giebelwände einiges beitragen.
- In beheizten Kellerräumen: Kellerwände sind durch den unmittelbaren Kontakt zum Erdreich von Natur aus kalt – sofern sie keine Außendämmung (Perimeterdämmung) besitzen. Beheizte Kellerräume sollte man also in jedem Fall mit einer zusätzlichen Wanddämmung ausstatten.

Es gibt zwei Möglichkeiten, Wände zu dämmen: Die Errichtung einer Vorsatzschale oder das Aufkleben von Dämmplatten.

1 Dabei setzt man vor der bestehenden Wand auf einer Unterkonstruktion eine zweite Wandschale. Der Hohlraum zwischen den Wandscheiben wird ausgedämmt. Freistehende Vorsatzschalen eignen sich hervorragend zum Ausgleich unebenen Mauerwerks.

Auch wenn neben der Dämmung noch Installationen eingebracht werden sollen, ist diese Technik ideal. Die Unterkonstruktion für eine freistehende **Vorsatzschale** errichtet man aus Vierkanthölzern oder aus Metallprofilen. Die Konstruktionsweise des Metallständerwerks entspricht dem Aufbau einer Ständerwand (vgl. Arbeitsanleitung »Arbeitszimmer abtrennen« S. 72).

2 Nach dem Einbringen der Dämmung muß auch hier eine diffusionsdichte Folie als Dampfsperre verlegt werden. Danach können Sie das Ständerwerk mit Gipskartonplatten beplanken.

3 Noch einfacher ist die Montage der Vorsatzschale auf einer direkt in der Wand verdübelten Holzlattung. Abstand und Ausrichtung der Latten hängt dabei zum einen von den Maßen des verwendeten Dämmstoffs ab, zum andern aber auch von der vorgesehenen Bekleidung. Übrigens können Sie anstelle von Gipskartonplatten auch andere Plattenwerkstoffe, Paneele oder Profilhölzer anbringen.

4 **Verbundplatten** – hier eine Gipsfaserplatte mit Polystyrolrücken – können mit Hilfe eines Ansetzmörtels auch direkt auf die Wand geklebt werden. Dabei ist der Mörtel in einzelnen Batzen oder Wülsten auf der Platte zu verteilen. Nach dem Ansetzen können Sie die Platten mit Gummihammer und Zulage lot- und fluchtrecht ausrichten.

5 Auch solche Holzfaserdämmplatten eignen sich zur Innendämmug für Wände. Man kann sie auf eine Unterkonstruktion schrauben oder direkt an die Wand kleben.

Profitip
Wenn Sie Giebelwände oder Decken dämmen wollen, sollten Sie einen Dämmstoff mit faseriger Struktur wählen – zum Beispiel Mineralwolle. So können Sie nämlich neben der Wärmedämmung auch den Schallschutz erhöhen. Dämmplatten aus Polystyrol haben dagegen keine schalldämmende Wirkung – im Gegenteil. Unter bestimmten Voraussetzungen verschlechtern sie sogar die Schalldämmeigenschaften einer Wand.

Auch durch die Decke kann Wärme verloren gehen. Sofern die Raumhöhe es zuläßt, sind auch hier Dämmaßnahmen sinnvoll.
Meist wird man dazu die Decke abhängen. Die Dämmstoffe kann man dann einfach vor dem Beplanken auf die Unterkonstruktion legen. Übrigens: Werden in einem Raum Wände und Decke gedämmt, beginnt man zuerst immer mit der Wand.

6 Ein weiteres Verfahren ist die Direktmontage von Dämmplatten – hier aus Zellulose – mittels spezieller Dämmstoffdübel.

3

4

5

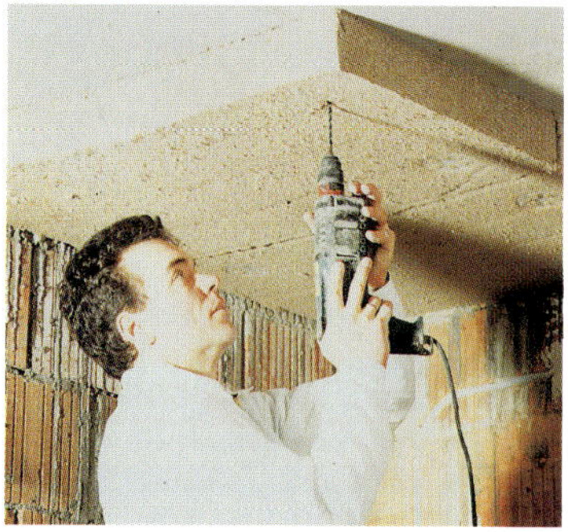
6

Zuschnitt und Bearbeitung der Platten

1

1 Unschlagbar vielseitig und preiswert, schnell und einfach zu verarbeiten, unschädlich für Gesundheit und Umwelt: Gipskartonplatten sind ein rundum heimwerkerfreundlicher Baustoff. Zur Verarbeitung benötigen Sie weder tiefschürfende Fachkenntnisse noch Spezialwerkzeug oder Schutzkleidung. Wie einfach der Umgang mit dieser Platte ist, zeigen die Fotos rechts.

2 Paßstücke mit geraden Kanten können Sie mit einem Cutter zuschneiden. Durchtrennen Sie zunächst entlang eines Stahllineals o. ä. den Karton auf der Sichtseite. Dann können Sie den Gipskern über eine Kante brechen. Nun muß mit dem Cutter noch der rückseitige Karton durchtrennt werden.

3 Geschwungene Schnittkanten oder Innenausschnitte kann man mit einer Stichsäge, einem sogenannten Stichling oder einer feinzahnigen Säge herstellen. Diese Technik empfiehlt sich auch für Verbundplatten.

4 Spezielle Durchlässe für Steckdosen, Sanitärinstallationen, Leuchten u. ä. kann man mit solch einem Lochsägeaufsatz herstellen.

5 Zum Glätten der Kanten dient ein Kantenhobel. Wer etwas Übung hat, kann die Kanten aber auch mit einem Cutter nachbearbeiten: Für das spätere Verspachteln ist es von Vorteil, wenn Sie die Sichtkanten leicht anschrägen. Übrigens: Verzweifeln Sie nicht, wenn die Zuschnitte nicht ganz exakt passen. Auch etwas größere Fugen lassen sich problemlos verspachteln.

Profitip

Geschwungene Wände, abgerundete Ecken, Rundbögen an der Decke? Auch das geht. Entweder besorgen Sie sich die trocken biegbaren 6-mm-Spezialplatten, oder Sie bringen eine ganz gewöhnliche Standardplatte in Form: Legen Sie die Platte auf zwei Lattenstücke und durchlöchern Sie die Oberfläche mit einer Nadelwalze. Danach nässen Sie die Platte gründlich. Nach kurzer Weichzeit läßt sie sich über eine Schablone biegen und mit Klebeband fixieren. Dann lassen Sie sie trocknen. Herstellung der Schablone: Zwei Platten mit dem gewünschten Radius zuschneiden und mit Lattenstücken verbinden.

2

3

4

5

Wand- und Deckenbekleidung

1

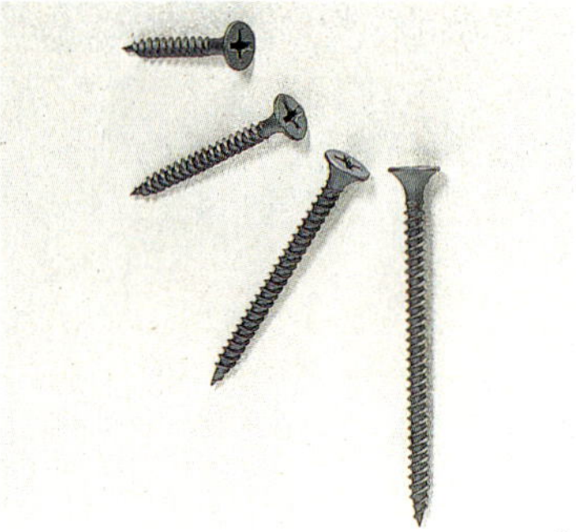
2

3

4

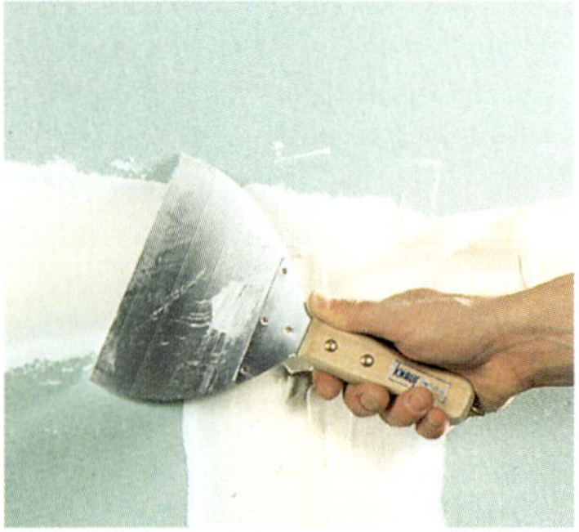
5

Wandbekleidungen mit Gipskarton können entweder auf einer Unterkonstruktion als **Vorsatzschale** erfolgen oder durch direktes Aufkleben als **Trockenputz**.

1 Beim Verschrauben auf Unterkonstruktionen sollten die Schraubabstände bei 12,5 mm dicken Platten maximal 25 cm an der Wand und maximal 17 cm an der Decke betragen. Sinnvoll ist hierbei ein mechanischer Einschraubtiefenbegrenzer, den es als Schraubervorsatz gibt. Er verhindert, daß sich die Schrauben zu weit in die relativ weichen Platten eindrehen.

2 Als Befestigungsmittel sollten Sie ausschließlich die speziell für diesen Einsatzbereich entwickelten, meist schwarz phosphatierten Schnellbauschrauben verwenden. Es gibt Sie für Holz- und für Metall-Unterkonstruktionen. Für die Befestigung von 12,5-mm-Platten in Holz werden Schrauben von 35 mm Länge verwendet, für die Befestigung in Metallprofilen gibt es 25 mm lange Schrauben.

3 Die Befestigung in Metallprofilen geht am besten mit einem schnelldrehenden Schrauber (mind. 2000 U/min). Gewöhnliche Akkuschrauber reichen hier in der Regel nicht aus.

4 Bei der Befestigung mit Ansetzbinder sollten Sie die einzelnen Batzen in Abständen von 30-40 cm setzen. Der Abstand zu den Plattenkanten sollte dabei nicht mehr als 5 cm betragen.

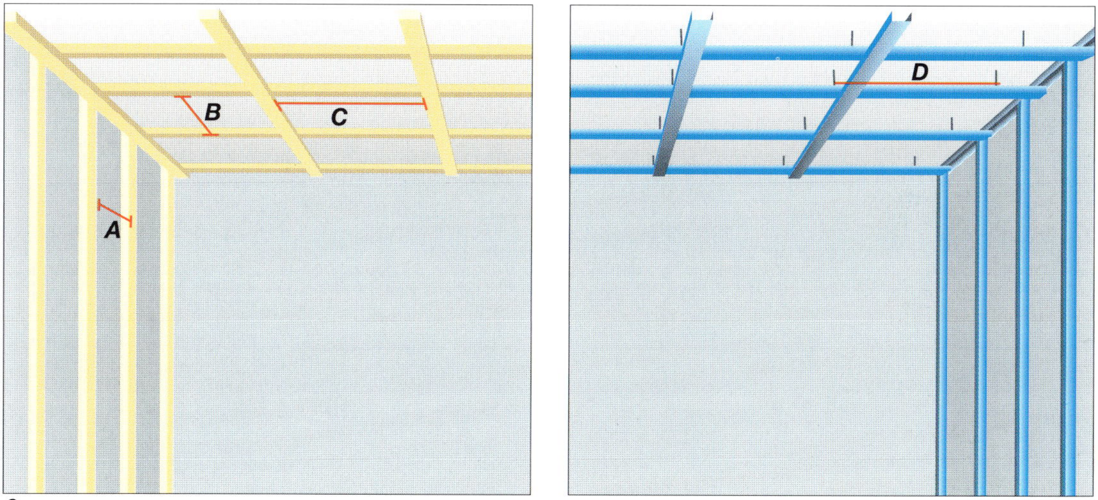

6

5 Egal, ob verschraubt oder geklebt: Vermeiden Sie Kreuzfugen, indem Sie die senkrechten Plattenstöße versetzen. Alle Schraubstellen und die Fugen zwischen den Platten werden mit einer Fugenspachtelmasse verspachtelt. Ziehen Sie die Masse mit einem breiten, flexiblen Spachtel auf. Gegebenenfalls müssen Sie die Fläche nach dem Trocknen überarbeiten und schleifen. Für Außenecken gibt es Eckschutzprofile, die auch mit Spachtelmasse eingearbeitet werden. Anschlußfugen zu Wänden und Decken spritzen Sie mit Trennwandkitt aus.

Unterkonstruktionen aus Holz werden durch Unterlegen von Distanzstücken lot- und fluchtrecht ausgerichtet. Am einfachsten geht das mit speziellen Distanzklötzen aus Kunststoff.
Holz- und Metallkonstruktionen können aber auch mittels spezieller Abhänger ausgerichtet werden, die einen stufenlosen Niveauausgleich ermöglichen.

6 Alle Maße beziehen sich auf 12,5-mm-Platten. Die Abstandsmaße sind von Lattenmitte zu Lattenmitte berechnet. Es handelt sich um Grenzwerte, die nach unten auf das jeweilige Plattenmaß abgestimmt werden können.

Holzlatten sollten ein Querschnittmaß von 3 x 5 cm haben.
Wand: Der Abstand **A** sollte maximal 625 mm betragen, die Dübelabstände maximal 100 cm.
Decke (und Schräge): Der Traglatten-Abstand **B** sollte maximal 85 cm betragen (bei Metallprofilen max. 100 cm), der Dübelabstand höchstens 100 cm. Abstand **C** (zwischen den Grundlatten): maximal 50 cm. Abhänger sollten längs zur Traglattung mindestens alle 90 cm gesetzt werden (Abstand **D**).

Trennwände errichten

Wer ausbaut, braucht in der Regel auch neue Wände. Ideal sind hier sogenannte Ständerwände mit Metallprofilen als Unterkonstruktion. Im Prinzip wird das Ständerwerk bei Ständerwänden so wie bei Vorsatzschalen aufgebaut: Ein umlaufendes UW-Profil sorgt für einen sauberen An- und Abschluß und nimmt die Ständer aus CW-Profilen auf. Auch hier sollte der Ständerabstand maximal 62,5 cm betragen. Die Profile sind in verschiedenen Breiten erhältlich, so daß Sie die Wanddicke und damit auch den Schall- und Wärmeschutz individuell gestalten können.

1 Bei Wänden, die Abwasserrohre u. ä. aufnehmen sollen, oder wenn Sie ein besonders hohes Schalldämmaß erreichen wollen, empfiehlt sich der Aufbau eines doppelten Ständerwerks. Wie das Foto zeigt, können in Ständerwände auch ganz problemlos Tragständer und Traversen für Sanitärobjekte oder andere »schwerwiegende« Gegenstände integriert werden.

2 Auch Durchgänge und Türzargen sind kein Problem.
Den Aufbau einer Ständerwand mit allen wichtigen Schritten finden Sie ab Seite 72.

1

Profitip
Zur Beplankung von Trennwänden können Sie statt der meist 12,5 mm dicken Baumarktplatten auch die 25 mm dicken Massivbauplatten verwenden: Diesen Platten kann man einiges an Traglasten zumuten. Außerdem verbessern sie die Schalldämmung.

2

Estrich: naß oder trocken?

Zementestrich

Er ist wasserunempfindlich, hochbelastbar und besitzt aufgrund seiner Masse gute Schalldämm-Eigenschaften. Das hohe Gewicht kann allerdings beim Dachausbau Probleme mit sich bringen: Hier muß ein Statiker prüfen, ob die vorhandene Decke für die zusätzliche Last ausreichend dimensioniert ist. Ein Nachteil des Naßausbaus ist die lange Trockenphase: Durchschnittlich muß man nach dem Estrichlegen etwa 28 Tage warten, bis der nächste Arbeitsschritt erfolgen kann. Da das Estrichlegen einige Übung erfordert, sollten sich nur erfahrene Heimwerker an diese Arbeit heranwagen.

Grundsätzlich empfiehlt es sich, den Estrich schwimmend zu verlegen: Bei diesem Verfahren wird die Estrichschicht durch einen umlaufend verlegten Randdämmstreifen von den anschließenden Bauteilen getrennt. So vermeiden Sie Schall- und Wärmebrücken.

1 Damit der feuchte Estrich nicht in die Dämmlage dringt, wird diese zunächst vollflächig mit Folie abgedeckt. Nach dem Anbringen des Randdämmstreifens schüttet man dann den trocken eingestellten Estrich an, verteilt ihn grob im Raum und zieht ihn mit Streichbrett und Wasserwaage eben ab. Zum Schluß erfolgt die Oberflächenglättung mit Reibebrett und Glättkelle.

Trockenestrich

Trockenestrich-Systeme bestehen aus einzelnen Platten (z. B. Gipskarton- und Gipsfaser-Elemente, Span- oder OSB-Platten), die auf der Dämmung verlegt und miteinander verbunden werden. Die Elemente sind mit 20-25 mm nur halb so dick wie ein konventioneller Zementestrich. Gerade beim Dachausbau sind sie schon aufgrund ihres geringeren Gewichts häufig das Mittel der Wahl.

2 Im hier gezeigten Beispiel bestehen die Trockenestrich-Elemente aus drei versetzt verleimten Gipskartonplatten, die auf einer Trockenschüttung als Ausgleichs- und Dämmschicht verlegt werden. Die Elemente besitzen Nut-und-Feder-Kanten. Bei der Verarbeitung bringt man in diesen Bereichen einen Spezialkleber auf und setzt dann die Elemente press zusammen. Dabei erleichtert eine Montagehilfe (unten rechts im Bild) die Arbeit. Vermeiden Sie Kreuzfugen. Zur Herstellung von Zuschnitten verwenden Sie am besten eine Stichsäge. Je nach Oberboden muß man die Stoßfugen nach dem Verlegen noch verspachteln.

Eine detaillierte Arbeitsanleitung für den Aufbau eines Trockenestrichs mit einer besonders guten Trittschalldämmung finden Sie ab Seite 60.

1

2

Kellerböden dämmen und abdichten

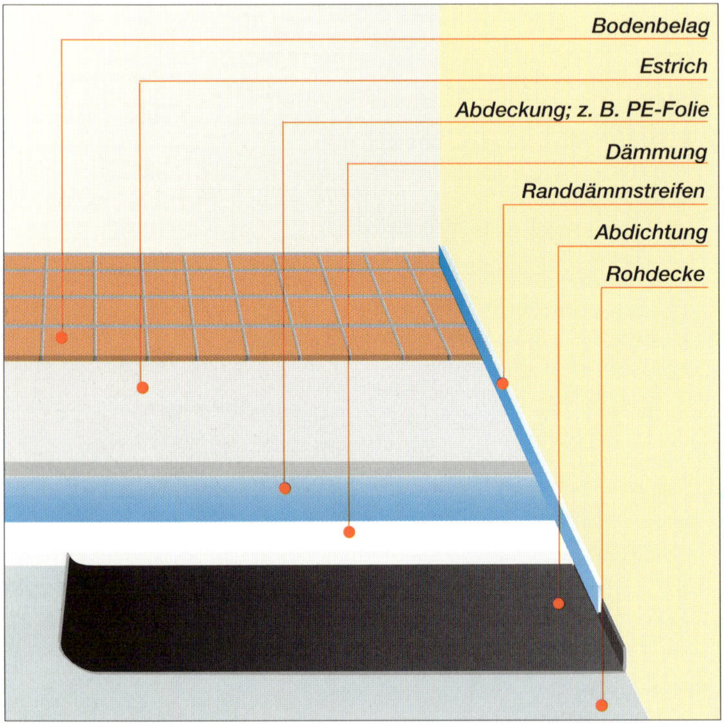

1

Wenn Ihr Kellerboden immer feucht ist, so kann das an aufsteigender Feuchtigkeit aus dem Erdreich darunter liegen: In früheren Jahren hat man, wenn überhaupt, die Bodenplatte häufig direkt auf den Grund gegossen. In vielen Fällen kommt die Feuchtigkeit aber auch von innen: Sie kondensiert aus der Raumluft an den Kältezonen. Und das sind im Keller Wände und Boden. Beton und auch die meisten Mauerwerkstoffe haben nun einmal eine relativ geringe Dämmwirkung. Ein Beispiel: Mit einer 2,5 cm dicken Mineralwolle erreichen Sie den gleichen Dämmwert wie mit rund 95 cm Kiesbeton.

Wenn Sie Ihren Kellerboden also für den Ausbau vorbereiten wollen, sollten Sie ihn sowohl gegen die Nässe als auch gegen den Kältefluß aus dem Erdreich isolieren.

1 Als erstes werden auf einem Dichtanstrich bituminierte Aluminiumbahnen verlegt. Sie werden an den Wänden hochgezogen, so daß sie eine Art Wanne bilden. Es folgt die Wärmedämmung mit Estrichdämmplatten (z. B. aus Hartschaum oder Mineralwolle), die mit einer Trennlage (z. B. aus PE-Folie) abgedeckt werden. Darauf wird dann ein schwimmender Estrich verlegt.

Dieser Aufbau hat eine Höhe von mindestens 10 cm: Gerade im Keller, wo die Räume meist ohnehin schon niedrig sind und oft auch noch die Verkleidung der Decke ansteht, ist diese Aufbauhöhe häufig problematisch. Einige Zentimeter lassen sich durch hochwirksame Dämmstoffe einsparen, einige weitere durch den Einsatz eines Trockenestrichs. Reicht das nicht, hilft in der Regel nur das Aufgraben zwischen den Fundamenten weiter: Eine Maßnahme, die Sie auf keinen Fall ohne den Rat eines Fachmanns angehen sollten.

Dachböden: Trittschalldämmung einbauen

Beim Dachausbau ist die Trittschalldämmung sehr wichtig: Vor allem Holzbalkendecken bieten konstuktionsbedingt kaum Schall- und Trittschallschutz. Hier sollte man beim Ausbau in jedem Fall eine Verbesserung anstreben.

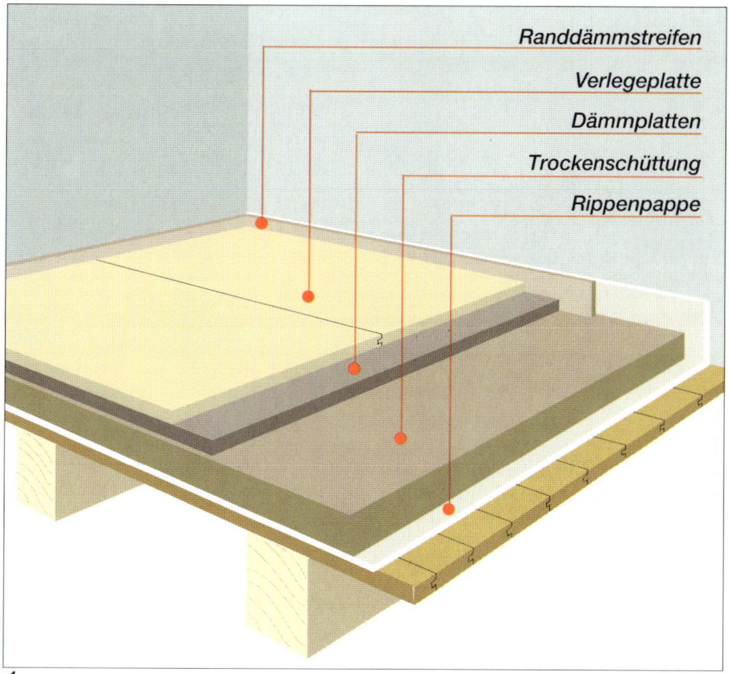

1

1 In der Regel sind die Holzbalken auf dem Dachboden mit Dielen, Rauhspund oder Verlegeplatten abgedeckt. Als erstes sollten Sie diese Lage überprüfen und gegebenenfalls instandsetzen: Schadhafte Teile auswechseln, lose Elemente festschrauben, vorstehende Nägel versenken.

Weil Holz atmen muß, darf man bei Holzbalkendecken keine Dampfsperren einbauen. Als Rieselschutz genügt hier eine Rippenpappe auf der bestehenden Dielung. Danach setzen Sie die Randdämmstreifen und bringen zum Niveauausgleich und zur Trittschalldämmung eine Trockenschüttung ein (Mindestschütthöhe ca. 20 mm).

Zur Verbesserung der Schalldämmung können Sie darauf noch ein bis zwei Lagen Dämmplatten (z. B. Holzfaserplatten) aufbringen. Erst dann werden die Trockenestrich-Elemente verlegt.

2 Sollten Ihre Ansprüche an die Trittschalldämmung nicht allzu hoch sein, hier eine einfache Lösung für Decken mit offenliegenden Holzbalken: Zunächst belegen Sie die Balken mit speziellen Trittschalldämmstreifen. Darauf kommen Lagerhölzer. Nach dem Füllen der Zwischenräume mit Dämmstoff werden als Oberbelag Dielen auf die Lagerhölzer genagelt.

2

Mauern mit Dünnbettmörtel

1

2

3

Eine ganze Reihe von Mauersteinen werden mittlerweile mit einer so hohen Maßhaltigkeit hergestellt, daß sie mit Dünnbettmörtel fugenlos zu vermauern sind. Neben der Porenbeton- und Kalksandsteinindustrie haben heute auch die Ziegel- und die Leichtbetonhersteller solche Steine im Programm.
Für den Heimwerker bringt diese Technik natürlich entscheidende Vorteile: Er muß sich nicht um einheitliche Stoß- und Lagerfugen kümmern und das lot- und waagerechte Ausrichten erledigt sich (beinahe) von selbst.

1 Der Klassiker unter diesen heimwerkerfreundlichen Steinen ist Porenbeton. Er ist leicht und maßhaltig, besitzt glatte Oberflächen und kann von Hand mit einer Spezialsäge zugeschnitten werden.

4

2 Wie bei konventionellem Mauerwerk wird die erste Steinlage meist in ein normales Mörtelbett gesetzt, um eventuelle Bodenunebenheiten ausgleichen zu können. Auf Nummer Sicher gehen Sie, wenn Sie darüber hinaus auch eine Bitumenbahn als Horizontalsperre gegen aufsteigende Feuchtigkeit unterlegen. Ausgerichtet werden die Steine mittels Richtschnur, Wasserwaage und Gummihammer.

3 Leichte Unebenheiten der einzelnen Lagen kann man mit einem Hobelbrett nivellieren. Diese einfache Bearbeitbarkeit hat Porenbeton allen anderen Mauersteinen voraus.

4 Der Dünnbettmörtel wird mit Wasser angerührt und mit einer Spezialkelle auf die senkrechten Stoß- und die waagerechten Lagerfugen aufgezogen: Die Kellen gibt es jeweils passend zur Steinbreite, so daß der Kleber nicht rechts und links der Steine »überlaufen« kann. Darüber hinaus besitzen sie eine Zahnung, die einen gleichmäßigen Mörtelauftrag gewährleistet. Nach dem Auftrag werden die Steine einfach ins Kleberbett gesetzt und mit dem Gummihammer ausgerichtet.

Innenputz verarbeiten

Häufig sind Kellerwände unverputzt. Auch bei gut isolierten Kellern sollten Sie aber auf einen Putz nicht verzichten: Seine feuchtigkeitsregulierenden Eigenschaften sind gerade im Problembereich Keller von Vorteil.

Am einfachsten zu verarbeiten sind einlagige Gipshaftputze, die etwa 10 mm dick aufgetragen werden. Dabei bringt man den Putz mit einer Traufel auf und zieht ihn waagerecht und senkrecht mit einer Richtlatte oder einer Kartätsche ab. Fehlstellen werden sofort mit Mörtel gefüllt und erneut abgezogen. Die Schwierigkeit besteht gerade für den ungeübten Laien darin, den Putz eben an die Wand zu bekommen. Um dies zu erleichtern, kann man Putzlehren verwenden. Diese werden vor dem Verputzen mit Hilfe sogenannter Putzhaken so aufs Mauerwerk gesetzt, daß der Putz segmentweise über sie hinweg abgezogen werden kann. Danach entfernt man die Lehren und füllt die entstandenen Fugen auf.

1 Eine Alternative sind solche Schnellputzleisten: Sie müssen nach dem Abziehen nicht mehr entfernt werden.

1

2 Putzlehre und Kantenschutz zugleich sind diese Eckschutzprofile. Auch Sie werden – am besten am Tag zuvor – mit Mörtel gesetzt und dann mit eingeputzt.

Nach dem Abziehen läßt man den Putz etwas ruhen. Wenn er abzubinden beginnt, wird er mit einem feuchten Schwammbrett durchgerieben, so daß er eine geichmäßig ebene und glatte Oberfläche bekommt. Schließlich zieht man ihn mit der Glättkelle nochmal vorsichtig ab, um letzte Schlieren und die Spuren des Schwammbretts zu beseitigen.

2

Badausbau mit Vorwandinstallation

1

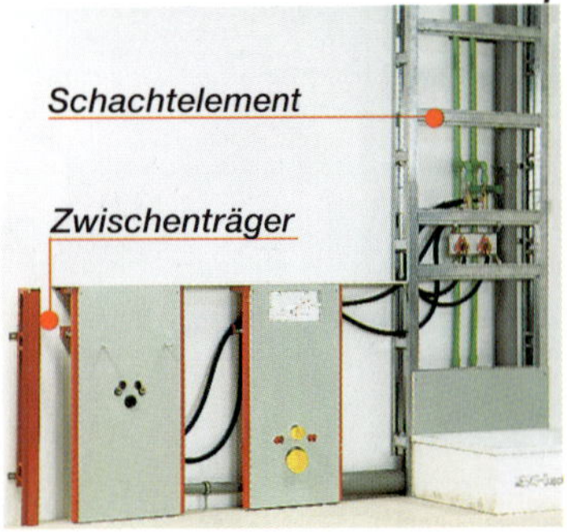

2

Einiges Geld können Sie bei Ihrem Ausbauvorhaben sparen, wenn Sie das Bad selbst installieren. Dank Vorwandtechnik und Kunststoff-Wasserleitungen ist dies nicht einmal allzu schwer. Die Vorwandinstallation erspart Ihnen nicht nur das Schlitzestemmen für die Leitungsverlegung, sie halbiert auch den Zeitaufwand und verursacht kaum Schmutz.

3

4

Vorwandmodule aufstellen

1 Das hier gezeigte System basiert auf Modulen: Das sind Tragständer für Waschtisch, WC, Bidet und Dusche, die man einfach in eine Wandschiene einhängt, mit Stellschrauben ausrichtet und verdübelt. Die Montagesätze besitzen alle nötigen Anschlüsse und Halterungen; die mitgelieferten Gipskartonplatten sind bereits mit den nötigen Durchbrüchen versehen.

2 Da alle Rohre hinter den Modulfronten verlaufen, können Sie Ihr Bad weitgehend unbhängig von den bestehenden Zu- und Ableitungen planen. Für Installationsschächte und zum Einbau von Duschen gibt es variable Schachtelemente, die man mit Armaturenplatten ausstatten kann. Komplettiert wird das System durch Zwischenträger, mit denen man Modulabstände über 60 cm überbrückt und die für einen sauberen Abschluß der Vorwände sorgen.

3 Außerdem kann man mit Zwischenträgern und Armaturenplatte auch die Vorwandinstallation für eine Badewanne errichten.

4 Nach der Rohrinstallation werden die Module einfach mit passend zugeschnittenen Gipskartonplatten beplankt. Dann können Sie die Badewanne aufstellen.

Abwasserrohre verlegen

Kunststoff-Abwasserrohre gibt es in verschiedenen »Durchmesser-Nennweiten« (DN): Für Waschbecken brauchen Sie Rohre DN 40, für Spüle, Dusche, Badewanne und Waschmaschine DN 50-70 (je nach Leitungslänge bzw. Maschinengröße) und für WC-Anschlüsse DN 100. Je nach Einbausituation benötigen Sie neben geraden Rohrstücken auch Bögen, Abzweige und Reduktionsstücke.

Vom Modulanschluß aus wird mit diesen Elementen eine Anschlußleitung zum Fallrohr geführt und mit einem 88-Grad-Abzweig eingeleitet (Ausnahme WC: 45-Grad-Abzweig). Die Leitung sollte etwa 2% Gefälle haben (2 cm pro m).

Alle Elemente besitzen auf einer Seite eine Muffe mit Lippendichtung. Zur Verbindung werden Muffe und Rohrende mit Hilfe eines Gleitmittels zusammengesteckt. An Werkzeug benötigen Sie eine feinzahnige Säge zum Ablängen und eine Feile zum Anschrägen der Schnittkante.

Trinkwasserleitungen aus Kunststoff verlegen

Das heimwerkerfreundliche »Rohr-in-Rohr-System« besteht aus einem diffusionsdichten und glattwandigen Innenrohr, das von einem dünnen Schutzrohr umgeben ist. Die Verlegung ist denkbar einfach und sicher: Die Rohre werden von der Rolle verlegt und mit einer Spezialschere abgelängt.

5 Verbindungen werden mit speziellen Messingfittings vorgenommen, die man einfach verschraubt.

6 Beim Ausbau wichtig: Mit Hilfe spezieller Adapter lassen sich die Kunststoffrohre sogar an bestehende Leitungssysteme aus Kupfer- oder Stahlrohr anschließen.

7 Das System enthält auch die entsprechenden Anschlußdosen für die Unterputzinstallation und die Montage in Installationswänden.

8 Am besten verlegen Sie die Leitungen stockwerkweise. Dabei schließt man die durchgehenden Steigleitungen für Kalt- und Warmwasser jeweils an einen getrennt absperrbaren Etagenverteiler an, von dem aus dann die einzelnen Armaturen versorgt werden.

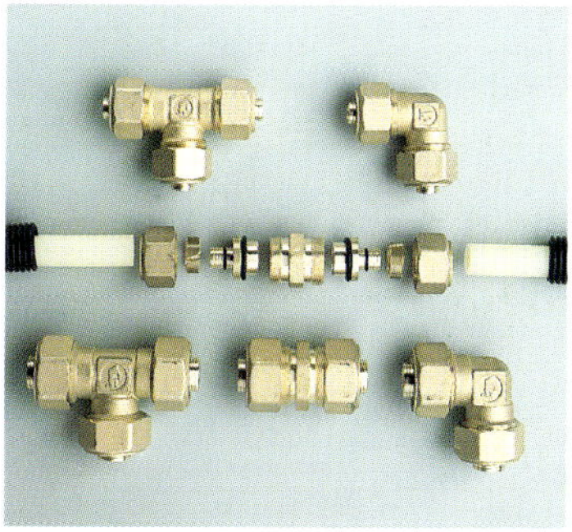

5

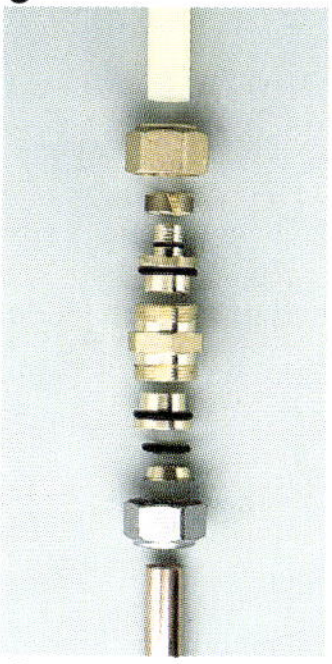

6

7

8

Wohnen unterm Walmdach

Material
Mineralwoll-Klemmfilz, Dampfsperre, Klebeband, Dichtungsband, Anpreßlatten, Profilholz, Montagekrallen, Latten 30x50 mm, Direktabhänger, Spanplattenschrauben, Massivholz-Dielen, Fußboden-Abschlußleisten, Holzspan-Verlegeplatten, Weichfaser-Dämmplatten, Randdämmstreifen, Holzleim, Nägel.

Werkzeug
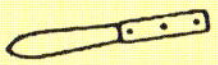
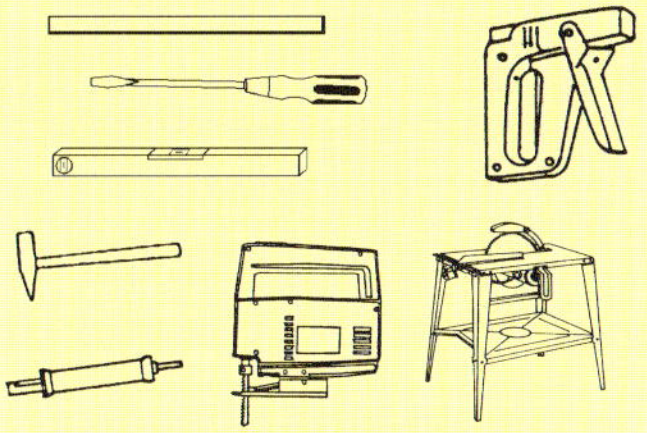

Schwierigkeitsgrad
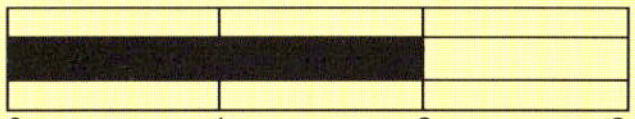

Kraftaufwand

Arbeitszeit
Dämmung: 3-4 Tage
Profilholzbekleidung: 3 Tage
Dielenboden: 2 Tage

Ersparnis
Je nach Größe Ihres Dachbodens sparen Sie bis zu 3 500 Mark.

Auf dem ungenutzten Dachboden sollte ein großzügiges Studio entstehen. Zuerst hatte der Bauherr seine Pläne mit einem Architekten durchgesprochen. Der sah keine grundsätzlichen Schwierigkeiten und stellte den Bauantrag bei der zuständigen Behörde. Nachdem man auch dort keine Einwände hatte, nahm der Bauherr die Sache in die Hand.
Aus Zeitgründen entschied er sich jedoch, die Vorarbeiten zu vergeben: Fenster- und Treppeneinbau, Heizungs- und Sanitärinstallation. Während die Handwerker loslegten, berechnete und bestellte der Bauherr das Material für Dämmung, Wandbekleidung und Bodenaufbau.

1 Als Dämmaterial hat der Bauherr Klemmfilz aus Mineralwolle gewählt. Bei diesem Dämmstoff schneidet man die einzelnen Matten mit ungefähr 2 cm Übermaß zu, so daß sie sich regelrecht im Sparrenzwischenraum verklemmen. Die werkseitig aufgebrachten Teilungsstriche in 10-cm-Abständen erleichtern die Meßarbeit.

2 Beim Einschieben drückt man den Klemmfilz leicht zusammen. Er sollte bündig mit der Sparrenvor-

1

2

3

4

derkante eingesetzt werden. Achten Sie auch auf fugenfreie waagerechte Stöße.

3 Auch die beste Dämmung wirkt nur, wenn sie lückenlos verlegt wird: Hitze, Kälte und Schall dringen auch durch kleinste Ritzen ein. Einzelne Kältebereiche innerhalb gedämmter Flächen sind zudem besonders tauwassergefährdet.

4 Alte windschiefe Bretter deckten die Holzbalken des Dachbodens ab. Als sie entfernt wurden, stellte sich heraus, daß die Balkenzwischenräume völlig ungedämmt waren: die Heizenergie aus dem Erdgeschoß war hier fast ungehindert abgeflossen. Mit einer dicken Lage Mineralwolle hat man den Mißstand bereinigt.

Ökotip

Auch wenn Sie Ihren Dachboden nicht ausbauen wollen, sollten Sie sich die Wärmedämmung der Decke einmal genauer ansehen. Wenn Sie ähnliche Verhältnisse vorfinden, können Sie durch Auslegen von Dämmmatten oder das Einbringen einer Schüttung zwischen den Balken auf einfache Weise eine Menge Energie sparen!

Einen begehbaren Unterboden hat der Bauherr dann durch das Aufschrauben von Holzspan-Verlegeplatten geschaffen. Davor ist jedoch eine Lattenunterkonstruktion zur Nivellierung erforderlich: Die Latten können Sie direkt auf den Deckenbalken befestigen. Mittels Richtlatte, Wasserwaage und Distanzklötzchen bringt man sie dabei auf ein Niveau.

5 Die **Dampfsperre** muß alle Innenflächen unterhalb der Dämmung lückenlos abdichten. Zwischen den Folienbahnen sorgt ein Klebeband für dichte Verhältnisse.

6 Für den Anschluß an Giebelwänden, Balken etc. eignet sich folgendes Verfahren: Vor dem Verlegen der Folie kleben Sie ein Dichtband aus Weichschaum in den Anschlußwinkel. Dieses Band quillt nach der Verlegung von selbst auf, so daß es auch größere Unebenheiten überbrücken kann. Dann setzen Sie die Folie an und fixieren sie mit Hilfe einer aufgeschraubten Anpreßlatte.

7 Auch Balken, Stützen und Lüftungsrohre müssen Sie abdichten – gegebenenfalls durch exakt zugeschnittene Paßstücke.

8 Achten Sie beim Verlegen auf ausreichende Überlappung. Auch der Bodenanschluß erfolgt mit Dichtband und Anpreßlatte.

9 Nach dem Verkleben heften Sie die Folie mit Tackernadeln an.

10 Speziell im Bereich der Dachfenster ist die nahtlose Anbindung der Dampfsperre wichtig.

5

6

7

8

9

10

11

11 Das fertig gedämmte und abgedichtete Dach: Der konstruktive Teil des Ausbaus ist damit weitgehend abgeschlossen und Sie können sich mit der Gestaltung Ihrer neuen Räume befassen. Als erstes erstellt man die Wandbekleidung. Wenn Sie tapezieren, verputzen oder Fliesen verlegen wollen, müssen Sie als erstes mit Hilfe von Ausbauplatten einen ebenen Untergrund schaffen. Ein einfacherer Weg, im Dachgeschoß zu fertigen Wandoberflächen zu kommen, ist die Bekleidung mit Profilbrettern oder Paneelen: Sie sind Flächendeckung und Oberbelag in einem.

12 Allerdings kann man die Bretter auch nicht unmittelbar auf die Sparren setzen: Erstens sollten die Profile möglichst hinterlüftet werden, zweitens müssen Sie die Niveautoleranzen der Sparren ausgleichen. Das geschieht mit Hilfe einer Lattung, die quer zur Verlegerichtung der Profilhölzer verläuft. Man kann die Latten direkt auf die Sparren schrauben und durch Unterfüttern mit Keilen oder Distanzklötzchen auf ein einheitliches Niveau bringen. Diese Arbeit ist allerdings recht mühsam.
Ein einfacheres Verfahren ist die Abhängung der Latten mit Direktabhängern. Das sind U-förmige Lochbleche, die im Abständen von maximal 100 cm längs zum Lattenverlauf an den Sparren festgeschraubt werden.

13 Die Latten setzen Sie nun einfach zwischen die Schenkel der Abhänger und richten sie mit Hilfe einer Richtlatte aus. Anschließend verschrauben Sie sie von beiden Seiten. Die überstehenden Schenkelenden können Sie nach außen abknicken. So wird auf einfache Weise eine stufenlose Niveauregulierung möglich. Die Abstände zwischen den Latten sollten maximal 60 cm betragen.

14 Profilbretter montiert man am besten von oben nach unten. Dabei richten Sie das erste Brett sehr sorgfältig aus. Die Folgebretter werden einfach eingeschoben. Falls erforderlich, können Sie dabei vorsichtig mit einem Hammer und einem Reststück nachhelfen.

Profitip
Bei Wandvertäfelungen mit Profilholz sollten die Federn grundsätzlich nach oben zeigen. So kann keine Feuchtigkeit in die Nuten einlaufen.

15 Zur Befestigung verwendet man am besten spezielle Montagekrallen, die in die Nuten eingeschoben und auf der Latte festgenagelt werden. In jedem Fall sinnvoll ist die hier gezeigte Montagehilfe: Sie besitzt einen Magneten, der Kralle und Nagel festhält.

16 Da die Spitze des Walmdachs nur einen Sparren hatte – zu wenig zur Befestigung der Unterkonstruktion – wurden die Latten in diesem Fall direkt auf die zuvor an den Seiten angebrachten Profilbretter geschraubt. Für Innen- und Außenecken gibt es spezielle Abdeckleisten zum Aufsetzen. Innenecken können aber auch als Schattenfuge ausgeführt werden. Das geht am besten mit einer Schattenfugenfräse, die auch als Vorsatzgerät für den Winkelschleifer erhältlich ist.
Falls Sie sich für unbehandelte Profilhölzer entscheiden, steht noch die Oberflächenbehandlung an. Neben den üblichen Lacken und Lasuren gibt es dafür auch Dekorwachse (deckend oder transparent), die mit einem Pinsel aufgestrichen werden.

12

14

13

15

16

17

18

Auch bei der Wahl des Bodenbelags setzte der Bauherr auf den natürlichen Werkstoff Holz: Massivholzdielen sollten in den neuen Räumen eine warme, gemütliche Atmosphäre schaffen.

Zuvor allerdings mußte die Luft- und Trittschalldämmung der Holzbalkendecke verbessert werden. Da die Ansprüche hier nicht allzu hoch waren, entschied der Bauherr sich für die Standardlösung. Den Einbau eines Trittschalldämmsystems für höchste Anforderungen finden Sie ab Seite 60.

17 Zunächst stellt man an allen Wandanschlüssen sogenannte Randdämmstreifen auf. Sie trennen den Bodenaufbau schalltechnisch von den umgebenden Wänden. Dann werden Weichfaser-Dämmplatten auf die Verlegeplatten des Rohfußbodens gelegt. Vermeiden Sie dabei Kreuzfugen.

18 Darauf setzt man schwimmend – das heißt ohne eine konstruktive Verbindung zu Unterboden oder Wänden – eine weitere Lage Holzspan-Verlegeplatten. Sie werden lediglich in Nut und Feder verleimt und zusammengesteckt. Am besten bringen Sie den Leim dabei oberhalb und unterhalb der Feder auf. Für den Zuschnitt der Platten brauchen Sie eine Handkreissäge; Ausklinkungen für Pfosten und Türfutter stellt man am besten mit einer Stichsäge her.

19 Genau wie Fertigparkett besitzen Massivholzdielen umlaufend Nut und Feder, so daß man sie »endlos« verlegen kann: Das Reststück einer Reihe verwenden Sie dabei als Anfangsstück der nächsten Reihe; so entsteht kaum Verschnitt. Allerdings müssen Sie darauf achten, daß ein ausreichender Fugenversatz gewährleistet ist.

20 Die erste Brettreihe sollten Sie sorgfältig ausrichten: Sie bestimmt Richtung und Verlauf des gesamten Belags. Die Bretter werden mit der Nut zur Wand an den Randdämmstreifen angelegt. Anders als Fertigparkett sollte man Holzdielen durch Schrauben oder Nägel fest mit dem Untergrund verbinden: Während beim dreischichtigen Aufbau der Parkettdielen mit Zug- und Gegenzugschicht das Werfen und Verwinden des Holzes verhindert wird, besteht die Massivholzdiele nur aus einem Stück. Auch bei sorgfältigster Auswahl und Trocknung der Hölzer läßt sich hier nicht ausschließen, daß der Naturwerkstoff Holz nach dem Verlegen noch »arbeitet«.

Profitip
Um nachträgliches Schwinden oder Quellen des Bodenbelags zu vermeiden, sollte man die Dielen vor dem Verlegen einige Tage im Verlegeraum lagern; so können sie sich akklimatisieren, d.h. der Raumtemperatur und Luftfeuchtigkeit anpassen.

21 Die Befestigung erfolgt mittels Nägeln, die Sie durch die Feder schräg nach hinten einschlagen. Um Beschädigungen der Dielen zu vermeiden, ist dazu eine Nagelhilfe erforderlich. Damit die Köpfe nicht vorstehen, werden sie eingesenkt.

22 Zum Zusammentreiben der Dielen benutzt man am besten ein Reststück: Es schützt die Feder vor Beschädigung. Trotzdem sollten Sie nie Gewalt anwenden.

Zuschnitte können Sie mit einer Kreis- oder Kappsäge herstellen, für Ausklinkungen ist auch hier die Stichsäge am besten geeignet. Zum Schluß schneiden Sie die Randdämmstreifen bündig ab und verlegen die Abschlußleiste.

19

21

20

22

Trittschalldämmung einbauen

Material
Trockenestrich-System, bestehend aus 25-mm-Holzspan-Verlegeplatten, Holzfaser-Randdämmstreifen, 10-mm-Holzfaser-Dämmplatten, PE-Folie, Rippenpappe, Trockenschüttung, Montageleim, Abstandsklötzchen oder Keile, Hartholzklotz.

Werkzeug

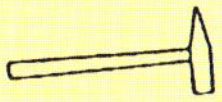

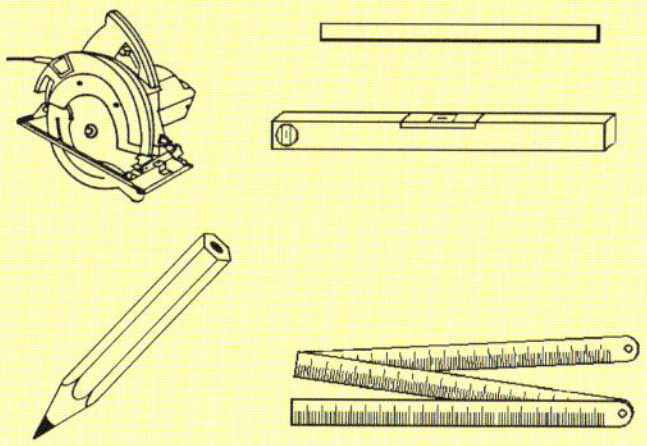

Schwierigkeitsgrad

Kraftaufwand

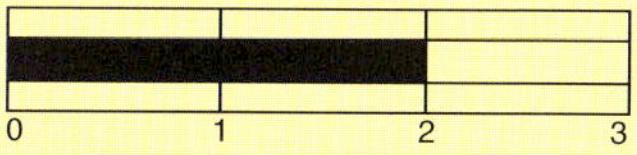

Arbeitszeit
Für eine 60 m² große Wohnung brauchen Sie etwa 3 Tage.

Ersparnis
Bei einer 60 m² großen Wohnung sparen Sie rund 1 200 Mark.

Auch Massivdecken bieten nicht automatisch eine gute Trittschalldämmung, vor allem, wenn bei Berechnung und Ausführung ein späterer Ausbau nicht eingeplant war. Wenn, wie in diesem Fall, das Dachgeschoß dann etwa für eine junge Familie hergerichtet wird, sollten Sie überlegen, ob sich der Aufwand für eine Optimierung der Trittschalldämmung nicht lohnt.
Mit dem hier gezeigten System ließ sich bei Messungen vor Ort ein Trittschall-Verbesserungsmaß von 21 dB erreichen. Zur Erläuterung: Da die Schalldämmkurve logarithmisch verläuft, bedeutet etwa ein Trittschalldämmaß von 20 dB, daß ein bestimmtes Bauteil nur noch ein Hundertstel der ursprünglichen Schallenergie durchläßt.

1 Zur Verarbeitung der Trockenschüttung aus Blähschiefer brauchen Sie zwei Lehren und eine Abziehlatte. Die Lehren werden jeweils auf zwei Streifen der Schüttung ausgerichtet. Dann füllen Sie den Zwischenraum auf und ziehen die Schüttung ab.

2 Anschließend decken Sie die Schüttung mit Rippenpappe ab. Lassen Sie die einzelnen Bahnen etwa 5 cm überlappen. Die Rippen-

1

2

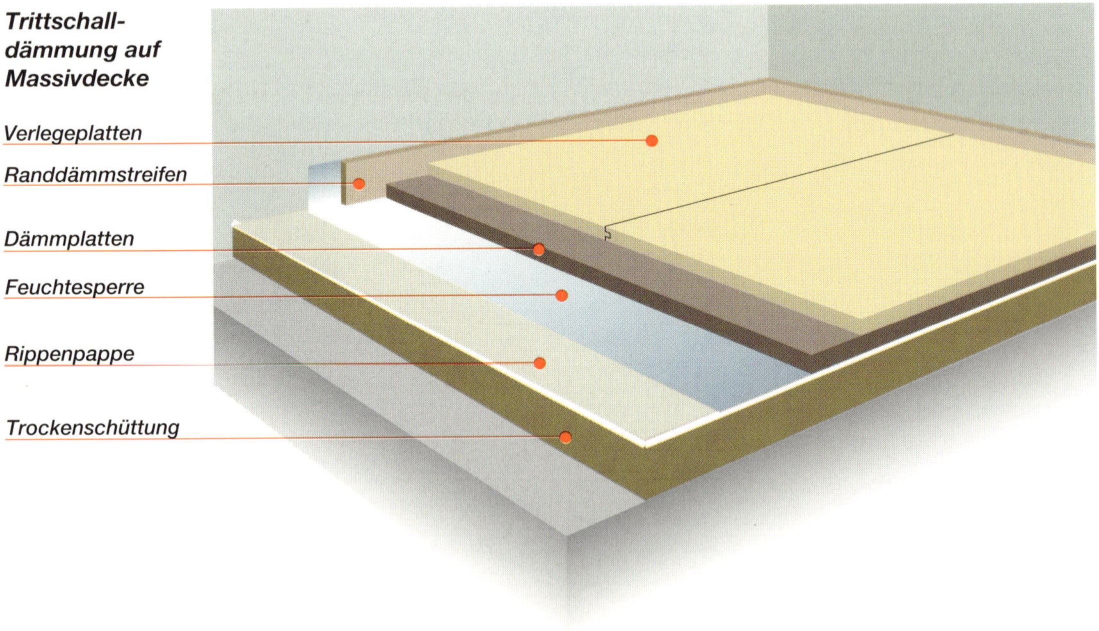

pappe sollten Sie möglichst wenig und nur sehr vorsichtig betreten.

3 Eine Feuchtesperre wird ausgelegt. Die Stöße sollen etwa 30 cm überlappen. An den Rändern ziehen Sie die Folie etwa 10 cm hoch.

4 Nun setzen Sie die Randdämmstreifen an und legen zwei Lagen der 10 mm dicken Holzfaserdämmplatte auf die Feuchtesperre. Kreuzfugen vermeiden!

5 Jetzt können Sie mit dem Verlegen der mit Nut und Feder ausgestatteten Holzspanplatten (205 x 92,5 cm) beginnen. Zuerst müssen bei der ersten Plattenreihe die zur Wand hin ausgerichteten Federn abgeschnitten werden.

6 Verlegen Sie die erste Reihe entlang einer Richtschnur. Die ausgerichteten Platten werden durch Keile gesichert. Dabei muß am Wandanschluß eine Dehnungsfuge von mindestens 1,5 cm bleiben. Die jeweils letzte Platte einer Reihe wird paßgerecht zugeschnitten. Das verbleibende Reststück können Sie dann als Anfangsstück in der nächsten Reihe verwenden Dabei muß der Fugenversatz jedoch mindestens 15 cm betragen.

7 Der Leimauftrag erfolgt jeweils rechts und links der Feder. Dann legen Sie die Platte flach auf und schieben sie in die Nut ein.

3

8 Gegebenenfalls können Sie mit Hammer und einem Hartholzklotz nachhelfen.

9 Bei Wandunebenheiten kann man die Schnittkante mit einem Abstandsklötzchen exakt auf die Platte übertragen.

Profitip

Egal, ob Holzbalken- oder Massivdecke: Die Schalldämmung von unten nach oben verbessert man durch eine Abhängung. Dabei wird die Unterkonstruktion vor der Beplankung mit Dämmstoff (Matten oder Platten) ausgelegt. Für niedrige Raumhöhen gibt es spezielle Konstruktionen mit sogenannten Federschienen, die man direkt an der Decke befestigen kann.

4

5

6

7

8

9

Eine Spindeltreppe einbauen

Material
Spindeltreppenbausatz mit Laibungsfutter.

Werkzeug

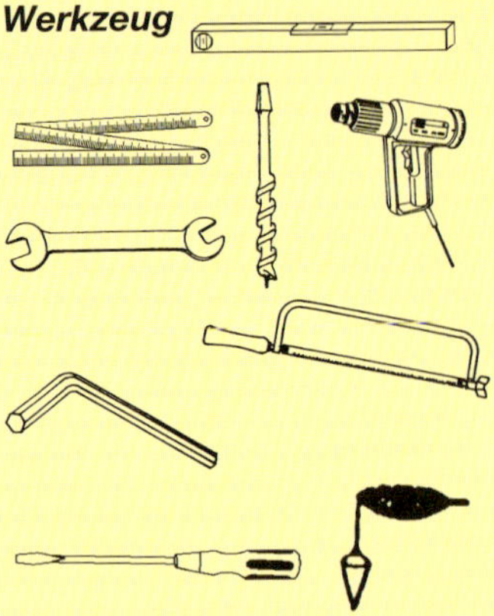

Schwierigkeitsgrad

Kraftaufwand

Arbeitszeit
Zusammen mit einem Helfer können Sie die Treppe an 1 Tag aufstellen. Für die Anstricharbeiten benötigen Sie nochmals 4 Stunden.

Ersparnis
Sie sparen durch Ihre Eigenleistung etwa 1000 Mark.

Oft findet sich beim nachträglichen Dachausbau kein Platz für eine konventionelle Geschoßtreppe. In diesem Fall kann eine Spindeltreppe weiterhelfen, die auch als Bausatz erhältlich ist. Allerdings muß in der Regel der Deckendurchbruch hergestellt bzw. angepaßt werden – in diesem Fall kreisförmig mit 2 m Durchmesser. Diesen Arbeitsschritt sollten Sie in jedem Fall einem Fachmann überlassen.

1 Für die Bestellung der Treppe ermittelt man die Geschoßhöhe (von Oberboden zu Oberboden). Davon ausgehend legt man die Anzahl der Steigungen so fest, daß die Steigungshöhe in etwa 18 cm beträgt. Die Tabelle gibt Auskunft über die jeweils günstigste Stufenanzahl bei verschiedenen Raumhöhen.
Wichtig ist auch, ob Ihre Treppe sich – vom Antritt aus betrachtet – nach rechts oder wie in diesem Beispiel nach links wendeln soll.

2 Als erstes wird der Durchbruch verkleidet. Die meisten Hersteller bieten dazu fertige Verblendungen an. Dann stellen Sie das Standrohr auf und richten es exakt aus.

3 Nun schieben Sie die Trägerelemente mit den zuvor aufge-

Günstige Steigungshöhen

Geschoßhöhe	Stufenanzahl	Steigungsanzahl	Steigungshöhe
260 cm	13	14	18,6 cm
270 cm	14	15	18,0 cm
280 cm	14	15	18,7 cm
290 cm	15	16	18,1 cm
300 cm	15	16	18,8 cm
310 cm	16	17	18,2 cm

1

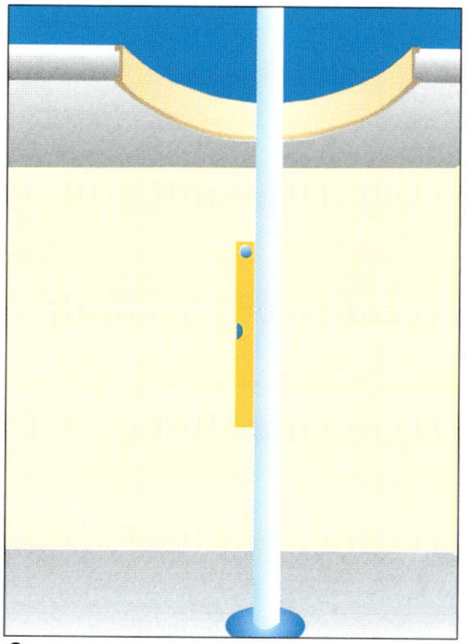

2

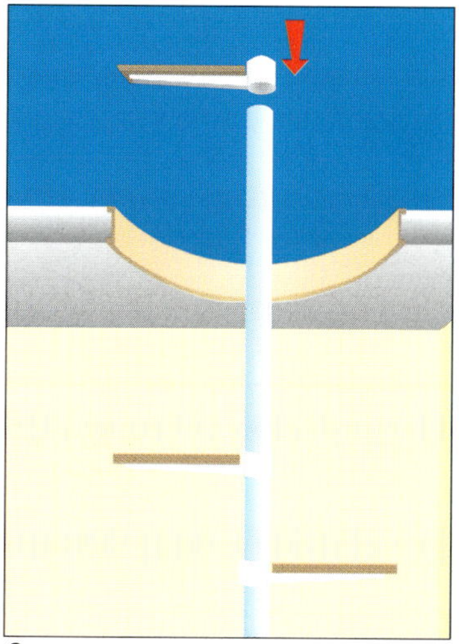

3

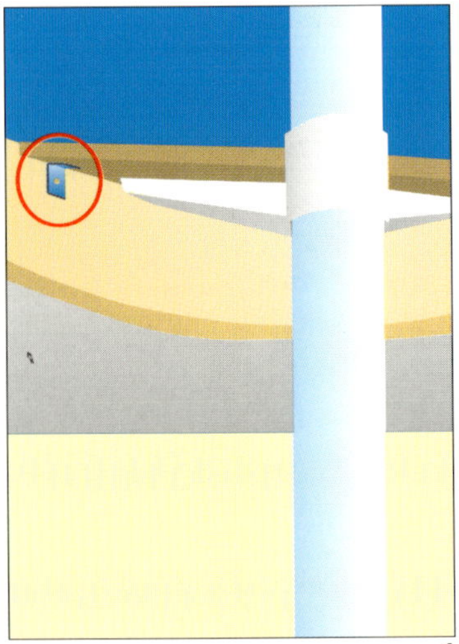

4

6

5

7

schraubten Stufen nacheinander über das Standrohr. Versetzen Sie dabei die Schwerpunkte der einzelnen Elemente so, daß das Standrohr in der Waage bleibt.

4 Als letztes wird das Austrittspodest aufgeschoben und in der Durchbruchslaibung verdübelt. Vor dem Befestigen sollten Sie die korrekte Ausrichtung des Standrohrs nochmals überprüfen.

5 Die Einbauhöhe des Podestes richtet sich nach der Oberkante Fertigfußboden. Wenn Sie etwa Parkett oder Dielen verlegen wollen, sollten Sie beim Ausrichten ein Probestück des späteren Belags (gegebenenfalls samt Unterlage) als Richtmaß benutzen.

6 Nun werden die einzelnen Stufen von oben nach unten exakt ausgerichtet. Dabei müssen Sie nicht nur auf gleiche Steigungshöhen achten, sondern ebenso auf eine gleichmäßige Wendelung. Stimmt alles, werden die Stufenelemente zunächst fixiert. Das geschieht mit Hilfe eines in der Trägerhülse befindlichen Inbus-Gewindestifts. Die eigentliche Sicherung erreichen Sie durch einen Spiralstift: Dazu setzen Sie durch die vorgesehenen

Löcher im Stufenträger eine Bohrung ins Standrohr (Ø 4,8 mm), durch die Sie dann einen speziellen Spiralstift einschlagen.

Sicherheitstip
Auf keinen Fall sollten Sie sich dazu hinreißen lassen, Stufen zu sparen oder die Wendelung enger als empfohlen zu wählen. Die Richtmaße dienen nicht nur der Bequemlichkeit: Wir sind – wenn auch unbewußt – auf diese genormten Treppenmaße eingestellt. Jede nicht normgerecht angelegte Treppe birgt schon aufgrund dieses Gewöhnungseffekts ein erhebliches Gefahrenpotential.

7 Jetzt können Sie die Geländerstäbe in den werkseitig vorgebohrten Löchern verschrauben. Der flexible Aluminium-Handlauf läßt sich dann einfach aufstecken. Als nächstes wird dann das Griffprofil übergeschoben. Abschließend müssen Sie Standrohr, Geländer und – je nach Ausführung – auch die Stufen noch streichen.

8 Spindeltreppenbausätze gibt es übrigens auch in der Raumsparversion für besonders enge Verhältnisse.

8

Dachflächenfenster fürs Kinderzimmer

Material
Dachflächenfenster mit Eindeckrahmen und Innenfutter, ggf. Vierkantholz mit dem Querschnittmaß der Sparren, imprägnierte Dachlatten, Klebe- und Dichtband, Holz- oder Kunststoffkeile.

Werkzeug

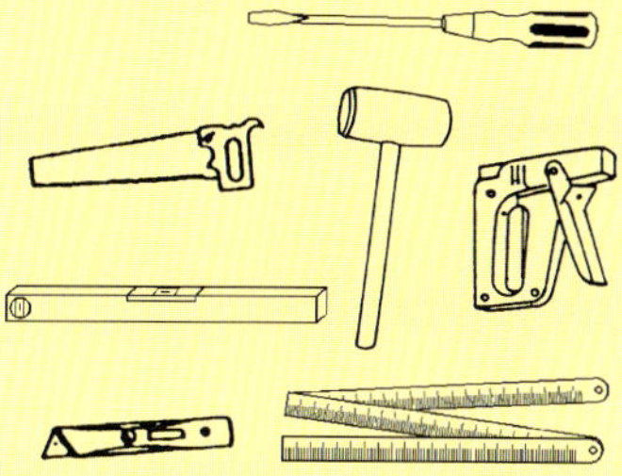

Schwierigkeitsgrad

Kraftaufwand

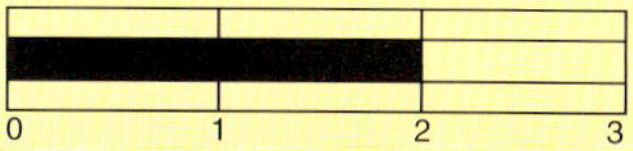

Arbeitszeit
Je nach Fenstertyp und Einbausituation sollten Sie mit 1-2 Tagen rechnen.

Ersparnis
Sie sparen durch Ihre Eigenleistung je nach Einbausituation mindestens 600 Mark.

Auch bei Wohnräumen unterm Dach sollte die Fensterfläche rund 10% der Grundfläche betragen, wobei Sie Raumflächen unter 1,5 m Höhe nicht berücksichtigen müssen. Normalerweise kann man mit Giebelfenstern allein diesen Wert nicht erreichen. Das Mittel der Wahl ist dann der Einbau eines Dachflächenfensters.

Dachflächenfenster, die komplett mit Eindeckrahmen angeboten werden, können von einem geschickten Heimwerker durchaus in Eigenleistung eingebaut werden.

Allerdings sollte er wegen des Eingriffs in die Dachkonstruktion vorher einen Statiker zu Rate ziehen und gegebenenfalls eine Baugenehmigung einholen. Zum Einbau sollten Sie einen Helfer engagieren, der Ihnen beim Einsetzen des schweren Elements zur Hand geht.

1 Bei der Wahl Ihres Fensters müssen Sie nicht nur der Raumgröße Rechnung tragen, sondern auch der Dachneigung. Wohnraumfenster sollten sowohl sitzenden als auch stehenden Personen Ausblick ermöglichen. Deshalb sollte die Fensterunterkante bei höchstens 90-110 cm eingeplant werden, die Oberkante bei mindestens 190-200 cm. Bei Steildächern ist die für diese Richtwerte erforderliche Fenstergröße von der Dachneigung abhängig. Grundregel: Je flacher das Dach, desto größere Fenster benötigen Sie.

Überlegen Sie sich auch, ob die Betätigung unten oder oben am Fenster angebracht sein soll.

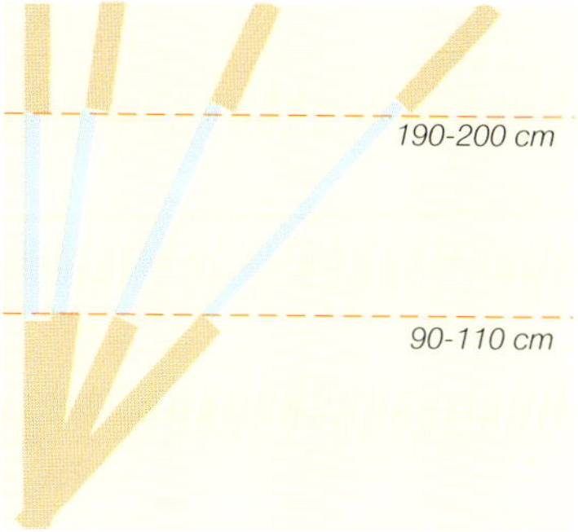

1

Sicherheitstip
Ein Sonderfall ist sicher der Einbau eines Dachflächenfensters in einem Kinderzimmer wie in diesem Beispiel.
Auch wenn Sie Ihr Fenster mit Kindersicherungen ausstatten, sollten Sie es nicht zu tief einsetzen und möglichst auch auf eine Fensterbank verzichten.

2 In den seltensten Fällen wird das ausgewählte Fenster genau zwischen zwei Sparren passen.
Ist das Fenster geringfügig schmaler als der Sparrenabstand, genügt das Aufdoppeln des Sparrens (**A**).
Bei größeren Maßdifferenzen wird ein Hilfssparren eingezogen (**B**).
Ein Eingriff in die Dachkonstruktion wird erforderlich, wenn das Fenster größer als der Abstand der Sparren ist: Bei geringfügigen Überbreiten genügt das Ausschneiden und Überbrücken des Sparrens (**C**).
Reicht das nicht, muß eine sogenannte Auswechslung erfolgen (**D**).

Als erstes müssen Sie die Dachöffnung herstellen. Zeichnen Sie das Fensterviereck auf und entfernen Sie – falls vorhanden – Dampfsperre, Dämmaterial und Unterspannbahn. Dampfsperre und Unterspannbahn schneiden Sie dabei von den angezeichneten Eckpunkten aus diagonal ein, so daß jeweils vier Lappen in Form eines Dreiecks entstehen, die Sie vorerst zur Seite klappen und provisorisch befestigen. Als nächstes nehmen Sie vorsichtig die Dachpfannen im Fensterbereich ab. Auch rechts und links des Fensterausschnitts wird eine Reihe Pfannen entfernt.

3 Nun können Sie die Dachlatten absägen. Die Lattenenden werden später mit einer Längslatte unterfangen. Im gezeigten Fall muß als nächstes der Sparren ausgesägt werden. Vorsicht: Vor dem Durchtrennen des Sparrens muß man das Dach eventuell abstützen.

4 Als nächstes wird das Sparrenfeld den konkreten Gegebenheiten angepaßt. Im gezeigten Fall geschieht dies durch den Einbau von Wechseln **(A)** und Hilfssparren **(B)**, die zusammen die Dachlast abfangen. Wechsel und Hilfssparren sollten die Stärke der vorhandenen Sparren besitzen. Sie werden mit Nagelblechen oder Balkenverbindern befestigt.

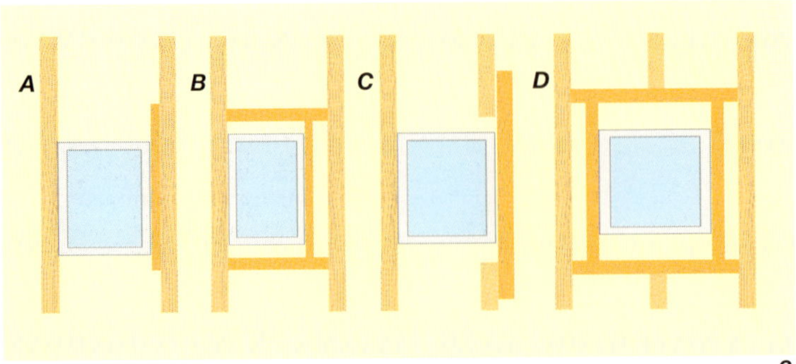

2

5 Dem Fenstermaß entsprechend schrauben Sie nun am oberen und unteren Ende der Dachöffnung je eine Anschlaglatte fest, auf denen Sie das Fenster auflegen können. Diese Latten sollen mit der bestehenden Lattung auf einem Niveau liegen. Nun können Sie das Fenster einsetzen und genau ausrichten. Bei größeren Elementen empfiehlt es sich, dazu den Fensterflügel auszubauen.

6 Vor der endgültigen Montage müssen Sie die Unterspannbahn passend ablängen und je nach Fenstertyp antackern bzw. unter die Rahmendichtung schieben. Das eingesetzte und ausgerichtete Fenster wird mit den mitgelieferten Befestigungswinkeln an Anschlaglatten und Sparren befestigt. Achtung: Falls der Rahmen nicht ganz eben aufliegt, müssen Sie ihn vorher unbedingt entsprechend unterfüttern. Das geht am besten mit Holz- oder Kunststoffplättchen entsprechender Dicke.

7 Die fertigen Eindeckrahmen ermöglichen den wasserdichten Anschluß des Dachfensters an fast alle erdenklichen Dacheindeckungen. In der Regel bestehen sie aus dem Unterteil mit Bleischürze, zwei Seitenteilen mit speziellen Auflagen für die Dacheindeckung und dem Oberteil. Bei der Montage die Herstellerhinweise genau beachten!

8 Zum Schluß wird die Bleischürze der Dacheindeckung angepaßt. Das geht mit einem Gummihammer oder auch von Hand.

Nun müssen auch innen die Anschlußbereiche wieder sorgfältig gedämmt und mit der Dampfsperre luftdicht verschlossen werden. Die durch das Aufschneiden in den vier Fensterecken fehlenden Stücke können Sie aus den überschüssigen Foliendreiecken zuschneiden. Zum Abdichten gibt es spezielle Dicht- und Klebebänder.

Für die Innenverkleidung kann man ein fertiges Futter verwenden. Es wird in eine Nut am Fenster eingeschoben und mit Krallen fixiert.

3

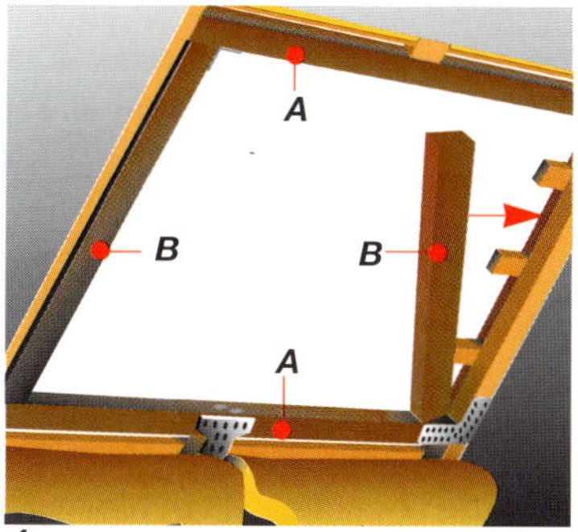

4

5

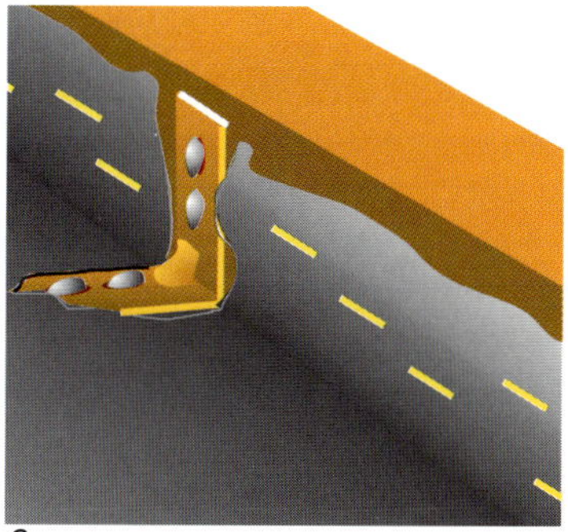

6

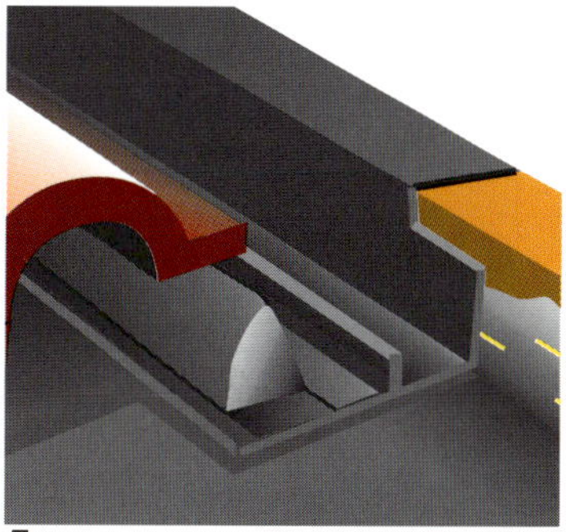

7

8

Arbeitszimmer abtrennen

Material
12,5-mm-Gipskartonplatten (90 x 125 cm), UW-und CW-Profile, Türsturzprofil je nach Türbreite, 2 Kanthölzer, Klebeband, Dichtband, Schnellbauschrauben, Fugenspachtelmasse, Faserdämmstoff (Dicke je nach Profilbreite), Einbauschalter und -Steckdosen, Kabel.

Werkzeug

Schwierigkeitsgrad

Kraftaufwand

Arbeitszeit
Für den Aufbau inklusive Verspachteln benötigen Sie ungefähr 1 Tag.

Ersparnis
Sie sparen je nach Einbausituation mindestens 400 Mark.

Das schönste an Trockenbauwänden ist, daß man Sie erst ganz zum Schluß einbauen muß: So sind sie in der Bauphase nicht im Weg. Die Montage kann sogar nachträglich auf fertigen Wänden und Böden erfolgen. Und bei Bedarf sind sie ohne großen Aufwand demontierbar. Ein weiterer Vorteil: Sie sind wesentlich effektivere Schalldämmer als ihre massiven Kollegen. Um die gleichen Schalldämmwerte zu erreichen, muß eine zweischalige Ständerwand nur rund halb so dick sein wie etwa eine Wand aus Leichtbetonsteinen. Bei 10 m^2 Wandfläche hat sie zudem etwa 2 Tonnen weniger Gewicht.

1 Im Dachstudio soll ein Arbeitszimer abgetrennt werden. Als erstes zeichnen Sie den Wandverlauf an allen angrenzenden Flächen an.

2 Entlang der angerissenen Linie werden umlaufend sogenannte UW-Profile befestigt. Die Profile schneidet man mit der Blechschere zu und versieht sie vor der Montage mit einem selbstklebenden Dämmband.

3 Die Befestigung der UW-Profile erfolgt durch Dübel. Setzen Sie dazu zunächst die erforderlichen

1

2

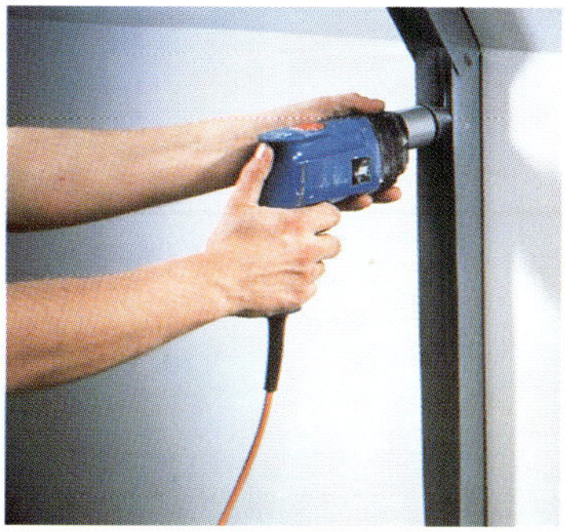
3

4

5

Bohrungen in die Profile, halten Sie dann die Profile an und markieren Sie die Bohrstellen. Bestehen die angrenzenden Wände aus Gipskartonplatten, müssen Sie für die Hohlraum-Montage geeignete Befestigungsmittel verwenden (z. B. Universal- oder Mehrzweckdübel).

Sicherheistip
Die Mehrzahl aller Heimwerkerunfälle sind Leiterunfälle: Stürze und Verletzungen aufgrund ungeeigneter oder falsch gestellter Auftritte. Verwenden Sie bei Arbeiten an der Decke eine stabile Stehleiter und bringen Sie sie stets in die optimale Position.

4 Nun werden die Ständerprofile abgelängt, in die umlaufend montierten Schienen eingestellt und mit Schnellbauschrauben befestigt. Als Ständer verwendet man sogenannte CW-Profile, die zur Erhöhung der Stabilität an den Schenkeln eine spezielle (C-förmige) Profilierung aufweisen. Der Abstand der Ständer richtet sich nach den Plattenmaßen, er sollte aber maximal 62,5 cm betragen. Im vorliegenden Fall sind die Platten mit dem Format 90 x 125 cm aufrecht vorgesetzt worden. Dafür ist ein Ständerabstand von 45 cm sinnvoll.

5 Für den Einbau von Türen gibt es spezielle Sturzprofile, die man einfach über zwei in entsprechendem Abstand aufgestellte CW-Profile schiebt und mit Klebeband fixiert. In die senkrechten Türpfosten werden zur Verstärkung Kanthölzer eingestellt und befestigt.

6 Mit 25-mm-Schnellbauschrauben montiert man die Gipskartonplatten. Hilfreich ist dabei ein Einschraubtiefenbegrenzer. Danach bringen Sie mit einer Lochsäge die erforderlichen Durchlässe für Schalter und Steckdosen ein.

7 Wenn Sie eine Wandseite beplankt haben, verlegen Sie gegebenenfalls die Elektrokabel. Die CW-Profile sind mit speziellen Bohrungen zur Kabeldurchführung ausgestattet. Dann füllt man den Wandhohlraum mit Faserdämmstoff. Hartschaumplatten sind aufgrund der schlechten Schalldämm-Eigenschaften dafür nicht empfehlenswert. Als nächstes wird die zweite Wandseite beplankt. Hier bringt man die Dosenöffnungen vor der Plattenmontage ein.

8 Vor dem Verspachteln werden Schalter und Steckdosen angeschlossen und eingesetzt.

6

Nun können Sie mit dem Verspachteln aller Schraubstellen und Fugen beginnen. Sind nach dem Durchtrocknen der Spachtelmasse noch Unebenheiten festzustellen, spachteln Sie noch einmal fein nach; abschließend mit feinem Sandpapier schleifen. Die Wandanschlüsse werden ebenfalls verspachtelt oder mit speziellem Trennwandkitt ausgeführt. Nach dem Auftrag eines Tiefengrunds können Sie Ihre Wand dann ganz nach Belieben streichen, tapezieren oder mit Dekorputz versehen. Sollen Fliesen verlegt werden, können Sie sich das Verspachteln sogar ganz sparen.

9 Zum Schluß passen Sie dann das Türfutter in die maßgenau vorbereitete Öffnung ein. Wie man dabei vorgeht, erfahren Sie ab Seite 76.

7

8

9

Türmontage selbst gemacht

Material

Fertigtür mit Futter und Bekleidung, Drückergarnitur, Spreizhölzer und Zulagen, Holz- oder Kunststoffkeile, Zweikomponenten-Montageschaum.

Werkzeug

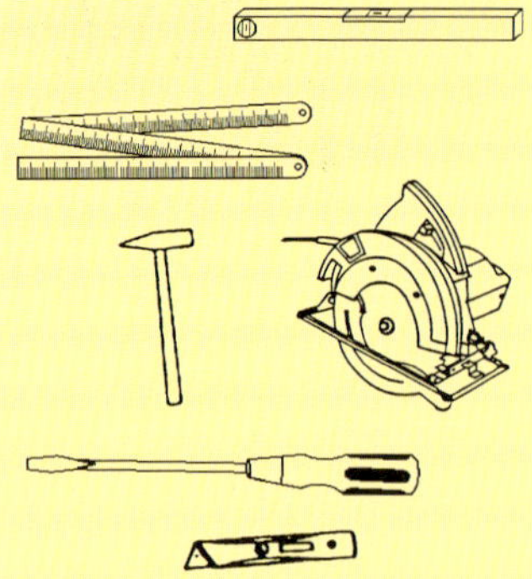

Schwierigkeitsgrad

Kraftaufwand

Arbeitszeit

Hierfür benötigen Sie ungefähr 4 Stunden.

Ersparnis

Durch Ihre Eigenleistung können Sie etwa 200 Mark einsparen.

Wenn Sie sich bei der Herstellung der Wandöffnung an gängige Baurichtmaße gehalten haben (vgl. Seite 25), können Sie auf Fertigtüren mit Futter und Bekleidung zurückgreifen, bei denen das Verputzen der Anschlußbereiche entfällt: Sie werden einfach mit einer Zierbekleidung überdeckt.

1 Als erstes bauen Sie das Futter zusammen und stellen es in die Wandöffnung. Zwischen Futter und Maueröffnung sollten dabei rund 1,5 cm Luft bleiben. Bringen Sie nun zuerst das Querteil genau in die Waage. Bei »Schieflagen« muß man eine Futterseite kürzen oder unterlegen. Danach werden in der Nähe der Ecken zwei Keile eingeschlagen, die das Futter fixieren.

Jetzt können Sie die Seitenteile ins Lot stellen. Auch sie müssen mit jeweils drei Keilen in Höhe der Bänder und des Schlosses fixiert werden. Damit die Futterseiten beim Verkeilen nicht nach innen verrutschen, wird das Futter mit zwei passend abgelängten Spreizhölzern stabilisiert. Diese Hölzer setzt man auf Höhe des unteren Bandes und des Schlosses ein. Verwenden Sie Zulagen, damit das Futterdekor beim Verspreizen nicht beschädigt wird. Vor der endgültigen Montage hängen Sie nun probehalber das Türblatt ein.

2 Die Befestigung erfolgt mittels Montageschaum. Dabei reicht das punktweise Ausschäumen an sechs Stellen – wieder in Höhe der Bänder und des Schlosses. Wie beim Fenstereinbau sollten Sie Zwei-Komponenten-Schaum verwenden. Zum Schluß schneiden Sie die Schaumüberstände ab, setzen die Bekleidungen auf und hängen das Türblatt ein. Mit der Montage der Drückergarnitur ist Ihre Tür dann voll funktionsfähig.

Profitip

Mitunter muß die Tür nach dem Verlegen des Bodenbelags gekürzt werden. Das geht mit Kreissäge oder Elektrohobel. Bei letzterem arbeitet man von den Enden zur Mitte, um ungewolltes Rundhobeln zu vermeiden. In jedem Fall sollten Sie den Anriß vorher anschneiden, damit das Furnier bzw. die Beschichtung nicht ausreißt. Türen mit sogenannten Fitschenbändern können auch durch Fitschenringe etwas angehoben werden.

1

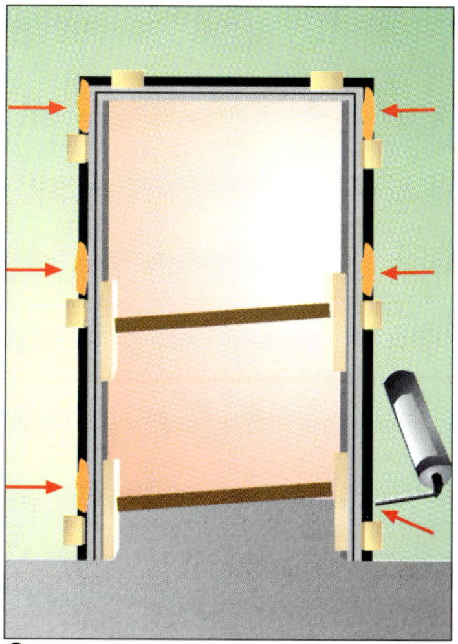

2

Kellerfenster mit Abböschung

Material
Gartenlichtschacht mit Entwässerungsanschluß, Abwasserrohr (KG-Rohr), Isolierglasfenster (einbaufertig), Latten, Mauernägel, Dübel, Holz- oder (besser) Kunststoffkeile, Montageschaum, Silikon oder PU-Dichtmittel, Gipskartonplatten, Fugenspachtelmasse, Eckschutzprofile.

Werkzeug
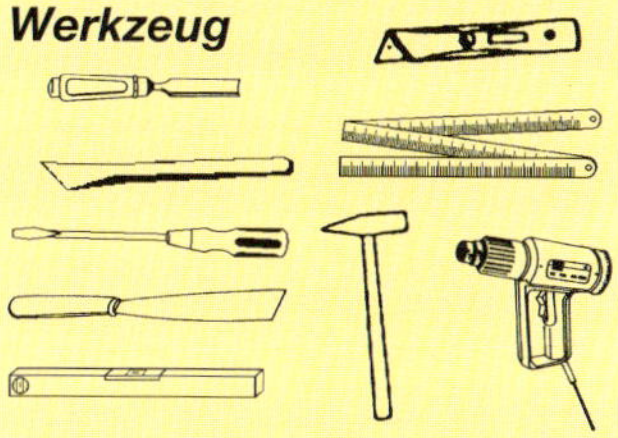

Schwierigkeitsgrad
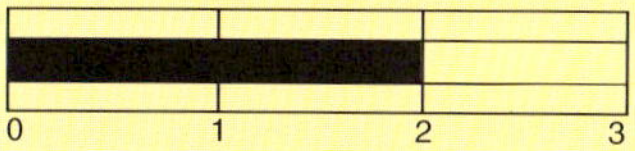

Kraftaufwand
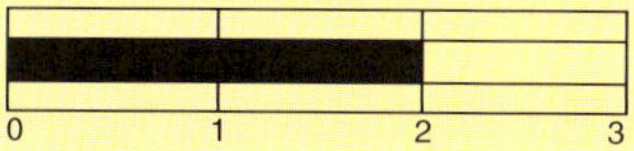

Arbeitszeit
Für den Einbau des Lichtschachts mit Aushubarbeiten benötigen Sie etwa 8 Stunden; die gleiche Zeit brauchen Sie für den Fensteraustausch mit Anschlußarbeiten.

Ersparnis
Sie sparen durch Ihre Eigenleistung ungefähr 650 Mark.

Bei vielen Kellerräumen steht der Nutzung als Wohn- oder Hobbyraum entgegen, daß sie nicht ausreichend belichtet bzw. belüftet sind. Die Fensterfläche ist zu klein und liegt zudem zu großen Teilen unter der Geländeoberfläche, so daß sie dem Licht einen ungünstigen Einfallswinkel bietet.

1 Manchmal – z. B. für die Nutzung als Hobby- oder Wirtschaftsraum – hilft hier schon der Austausch des Lichtschachts weiter: Es gibt Lichtschächte mit ausgeklügelten Gitterstellungen, die selbst bei tiefstehender Sonne noch eine Menge Licht in den Kellerraum lassen.

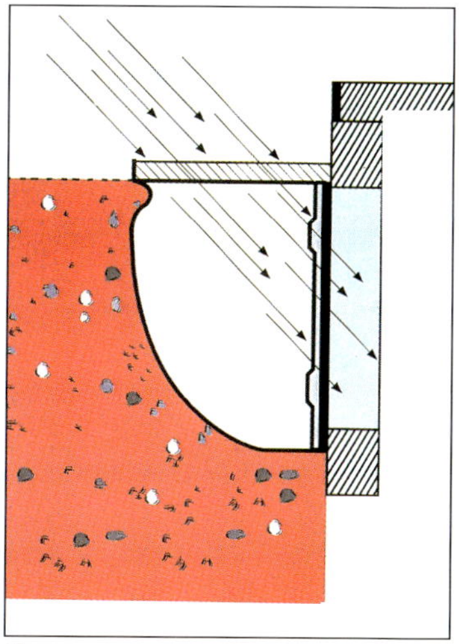

1

Gartenlichtschacht montieren
Eine effektivere Möglichkeit, den Einfallswinkel zu verbessern, ist eine **Abböschung** des Geländes vor dem Fenster. Eine solche Abböschung muß zum einen gut befestigt werden, zum anderen sollte sie eine Entwässerung besitzen, am besten in Form eines Ablaufs. Eine einfache und elegante Lösung hierfür ist der in diesem Beispiel eingebaute, bepflanzbare Gartenlichtschacht aus Kunststoff. Er kommt ohne Rost aus und wird – gegebenenfalls mit Abstandhaltern für die Außendämmung – einfach im Kellermauerwerk verdübelt. Mit Hilfe eines Entwässerungsanschlusses am Schachtboden können Sie ihn an die Kanalisation anschließen.

Altes Fenster entfernen
Bevor Sie ein neues Fenster einbauen können, muß zunächst das alte samt Rahmen entfernt werden. Der Fensterrahmen ist entweder mit Durchsteckdübeln befestigt oder mit Ankerlaschen, die auf der Innenseite der Fensterlaibung unter Putz liegen. In jedem Fall muß die Verankerung freigelegt und aus

dem Mauerwerk gelöst werden. Ist dies nicht möglich, können Sie die Anker mit der Trennscheibe eines Winkelschleifers kappen. Falls das Fenster eingeschäumt wurde, durchtrennt man den Montageschaum mit einem Messer. Läßt sich der Rahmen nicht in einem Stück herausnehmen, sägen Sie ihn einfach in mehrere Teile.

Fensteröffnung vergrößern

Beheizte Kellerräume sollten mit Isolierglasfenstern ausgestattet sein. Bei der Umrüstung ist es häufig sinnvoll, auch gleich die Fensteröffnung zu vergrößern. Das geht meist nicht ohne einen Statiker, der den dann erforderlichen Sturz dimensioniert. Auch beim Einbau des Sturzes und der dazu in der Regel erforderlichen Deckenabstützung sollten weniger sachkundige Heimwerker auf professionelle Hilfe nicht verzichten. Den eigentlichen Fenstereinbau können Sie dann wieder selbst in die Hand nehmen.

Neues Fenster einbauen

Bevor Sie das neue Fenster einsetzen , muß gegebenenfalls die Maueröffnung noch exakt angepaßt werden: Rund um den Rahmen soll eine Fuge von etwa 15-30 mm bleiben. Als lotrechten Rahmenanschlag können Sie nun passend abgelängte Holzlatten provisorisch in der Laibung befestigen.

2 Hängen Sie den Fensterflügel aus und montieren Sie die Ankerlaschen am Rahmen. Sie werden später im Mauerwerk verdübelt.

3 Nun setzen Sie den Rahmen ein, richten ihn mit einer Wasserwaage aus und verkeilen ihn. Schlagen Sie die Keile vorsichtig in der Nähe der Außenecken ein. Der Rahmen darf auf keinen Fall unter Spannung gesetzt werden. Bevor Sie das Fenster endgültig montieren, sollten Sie jetzt probehalber den Fensterflügel einhängen und überprüfen, ob er sich frei bewegen läßt.

4 Läßt der Flügel sich gut bewegen, können Sie den Rahmen mit Hilfe der Ankerlaschen im Mauerwerk der Fensterlaibung verdübeln. Verwenden Sie dazu sogenannte Maueranker, damit das Fenster sich nicht allzu leicht aushebeln läßt. Den Fensterrahmen fixiert man zusätzlich mit Montageschaum. Nach dem Aushärten können Sie die Schaumüberstände bündig abschneiden. Die Keile sticht man mit einem Beitel ab.

Profitip

Wenn Sie auf Nummer Sicher gehen wollen, sollten Sie zum Ausschäumen des Fensterrahmens einen zweikomponentigen Schaum verwenden. Einkomponenten-Schäume können unter Feuchtigkeitseinwirkung auch nach Monaten noch nachquellen.

5 Die Fensterlaibung können Sie anschließend verputzen oder auch mit Gipskartonplatten verkleiden. Wer keine Übung im Verputzen hat, sollte sich für letzteres entscheiden. Wenn die Laibung nicht allzu große Unebenheiten aufweist, können Sie die exakt zugeschnittenen Platten mit der Fugenspachtelmasse ankleben, die Sie später zum Verspachteln ohnehin brauchen. Für die Vorderkanten gibt es spezielle Eckschutzprofile zum Einspachteln. Wenn Sie Ihre Platten so zuschneiden, daß die abgerundete Kartonkante nach außen zeigt, kommen Sie auch ohne solche Profile aus.

6 Sehr wichtig ist das Abdichten des Fensteranschlusses auf der Witterungsseite. Hierzu verwendet man ein dauerelastisches Dichtmittel aus der Kartusche (auf Silikon- oder Polyuretanbasis). Davor muß die Fuge gründlich gereinigt werden. Damit das Dichtmittel nicht am Fugenboden anhaftet und so seine Elastizität verliert, sollte man die Fuge vor dem Ausspritzen mit einer speziellen Schaumstoffschnur hinterfüllen, die in verschiedenen Dicken erhältlich ist.

Innen können Sie den Anschlußbereich zwischen Fenster und Laibung ebenfalls mit Silikon ausführen. Sie können aber auch eine passende Abdeckleiste (Dreieckleiste) aufkleben.

Sicherheitstip

Kellerräume sind bevorzugte Einstiege für ungebetene Besucher aller Art. Darum sollten Sie beim Fensteraustausch auf keinen Fall einbruchshemmende Maßnahmen vernachlässigen. Wählen Sie Fenster mit Sicherheitsbeschlägen oder bauen Sie zusätzliche Fenstersicherungen ein. Auch einbruchshemmende Ziergitter halten Eindringlinge fern. Eine kostenlose Sicherheitsberatung gibt es übrigens vielerorts bei der Kriminalpolizei.

2

4

3

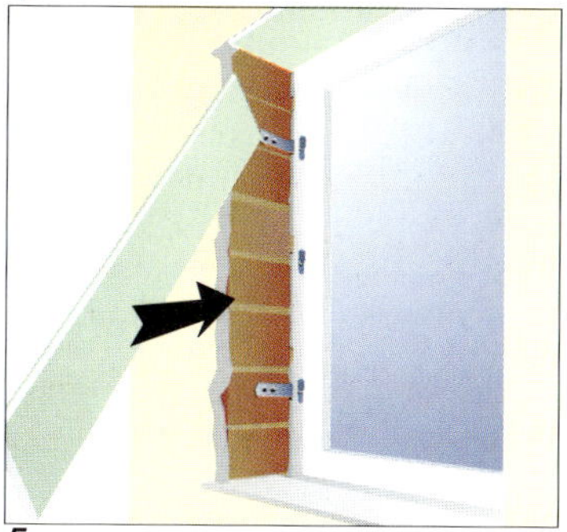

5

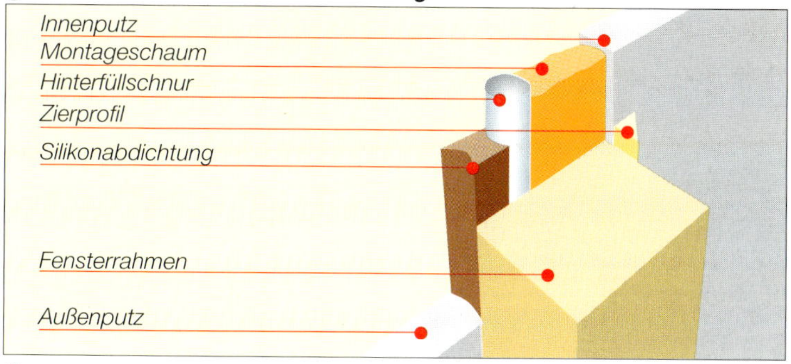

6

Dachausbau mit Gipskarton

Material
Mineralfaser-Klemmfilz, Dampfsperre, Klebeband, Dichtband, Direktabhänger, Schnellbauschrauben (3,5 und 2,5 cm lang), Dachlatten (12,4-mm-Gipskartonplatten (90x125 cm), Fugenspachtelmasse, CW- und UW-Profile, Dichtband für UW-Profile, Bitumenpappe, Perlit-Trokkenschüttung, Trockenunterboden-Elemente, Unterbodenkleber, Tiefengrund.

Werkzeug

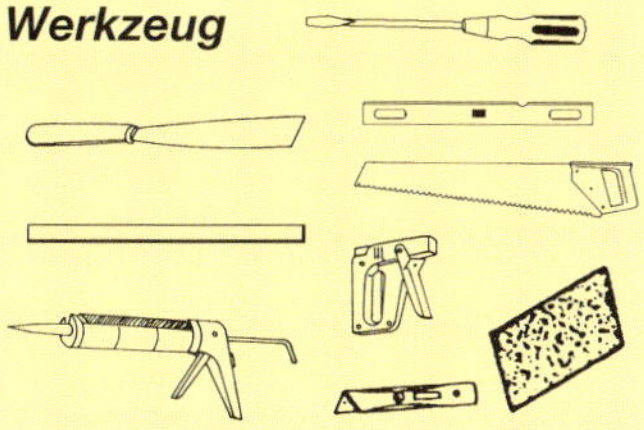

Schwierigkeitsgrad

Kraftaufwand

Arbeitszeit
Für die Dämmung und Bekleidung von Wand und Boden benötigen Sie etwa 8-10 Tage.

Ersparnis
Je nach Größe des Dachbodens sparen Sie mindestens 3 000 Mark.

Viele ältere Häuser besitzen aufwendige Dachformen mit zahlreichen Winkeln und Versprüngen. Natürlich lassen sich gerade hier sehr attraktive Räume gestalten. Allerdings ist der Ausbau auch mit etwas mehr Arbeit verbunden. So sind beim Zuschnitt der Dämmung eine ganze Reihe winkelgenauer Maßanfertigungen erforderlich. Nicht selten müssen auch Hilfskonstruktionen aus Vierkanthölzern eingebaut werden, um eine durchgehend gleiche Dämmschicht-Dicke zu ermöglichen.

1 Das hier vorgestellte Dach besaß rund 20 cm dicke Sparren, so daß bei einer Sparrenvolldämmung Platz für eine ausreichend dimensionierte Dämmschicht vorhanden war. Bei geringeren Sparrendicken empfiehlt sich das Aufdoppeln mit Latten oder Vierkanthölzern.

2 Große Sorgfalt ist beim Anbringen der Dampfsperre geboten: Sie muß auch bei komplexeren Dachformen eine durchgehend dichte Ebene vor der Dämmung bilden.

3 Die Direktabhänger werden in horizontal verlaufenden Reihen auf die Sparren geschraubt. Der Abstand zwischen den Reihen hängt

1

2

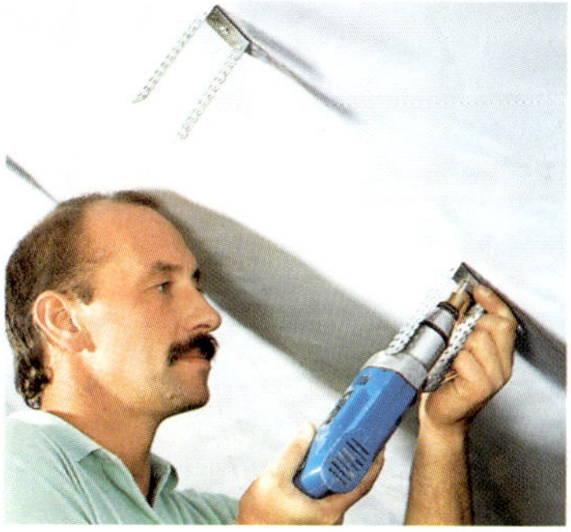

3

4

5

6

7

8

9

dabei vom gewählten Plattenformat ab. In diesem Fall betrug er 41,5 cm, so daß die 125 cm hohen Platten an jeweils vier Latten fixiert werden konnten.

4 Die Latten legen Sie zwischen die Schenkel der Abhänger, richten sie mit Hilfe von zuvor gespannten Richtschnüren aus und verschrauben sie von beiden Seiten. Da Sie dank der Direktabhänger die Einbauhöhe an jedem Befestigungspunkt stufenlos variieren können, sparen Sie sich das sonst unumgängliche Unterkeilen.

5 Die hier verwendeten, mit 90 x 125 cm relativ kleinformatigen Gipskartonplatten machen zwar beim Verspachteln etwas mehr Arbeit, dafür lassen sie sich auch an Decken und Schrägen ohne allzu großen Kraftaufwand montieren. Der Zuschnitt der Platten erfolgt mittels Metallschiene und Cutter; für Ausklinkungen ist zudem eine Stichsäge erforderlich (vgl. Seite 41). Vermeiden Sie beim Einbau durchgehende Kreuzfugen.

6 Die Montage erfolgt mit 3,5 cm langen Schnellbauschrauben. Der Schraubabstand sollte in der Dachschräge etwa 17 cm betragen.

Profitip
»Hohle« Schraubstellen vermeidet man, indem man die Lage der Latten vor dem Anbringen auf den Platten anzeichnet.

7 Die Dämmung der Giebelwand erfolgt mit Hilfe einer Vorsatzschale. Die Unterkonstruktion aus Metall-Profilen hat gegenüber Holz den Vorteil, daß die Profile absolut gerade und verwindungsfrei sind. Die senkrechten Ständer (CW-Profile) sind in einem umlaufend montierten UW-Profil verschraubt. Die Zwischenräume dämmt man ebenfalls mit Mineralwolle aus.
Für die Verschraubungder Gipskartonplatten in den Metallständern gibt es spezielle Schnellbauschrauben. Der Schraubabstand sollte etwa 25 cm betragen.

8 Mit einem breiten Spachtel verspachteln Sie zum Schluß alle Fugen und Schraubstellen. Falls nach dem Antrocknen noch Unebenheiten bestehen, werden die Spachtelstellen nochmals überarbeitet und mit Schleifpapier geglättet.

9 Den vorhandenen Rohfußboden deckt man zunächst mit Bitumenpappe ab. Dann können – falls erforderlich – Heizungsrohre und Wasserleitungen verlegt werden.

10 Durch die Trockenschüttung werden Unebenheiten des Untergrunds ausgeglichen und – wie in diesem Fall – Installationsrohre abgedeckt. Die Schüttung bringt man abschnittweise ein. Zunächst werden die Abziehlehren auf zwei Schüttungsstreifen ausgerichtet. Dann füllen Sie den Zwischenraum mit Schüttgut und ziehen die Fläche mit einer Richtlatte ab.

11 Die hier verwendeten Trockenestrich-Elemente bestehen aus drei miteinander verleimten Gipskartonplatten, die auf Nut- und Feder gerbeitet sind. Auf die Federn trägt man mit der Kartuschenspritze einen Spezialkleber auf. Dann werden die Elemente zusammengeschoben. Damit keine Körnchen zwischen die Platten geraten, sollten Sie die Schüttung im Bereich der Stöße mit Pappe abdecken.

12 So hat der Dachboden schließlich rundum ebene Flächen gewonnen, die Sie jetzt mit jedem gewünschten Wand- und Bodenbelag versehen können. Allerdings müssen die Kartonoberflächen zuvor noch grundiert werden.

10

11

12

Traumbad im Keller

Material

Hartschaum-Systembauplatten, Klebemörtel, Silikon-Dichtmasse, Armierungsgewebe, Rohrkasten-Element, Fliesen, Einbauwaschbecken, Badewanne, Armaturen.

Werkzeug

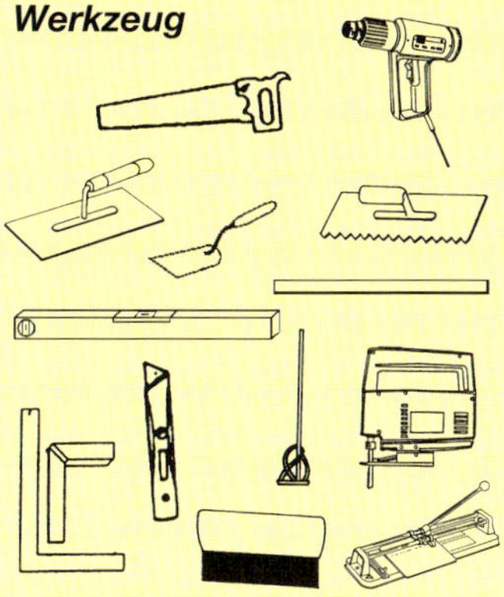

Schwierigkeitsgrad

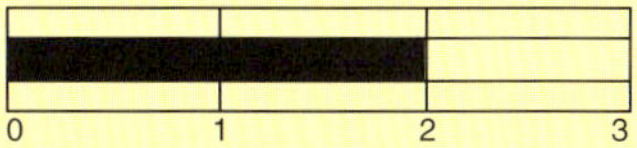

Kraftaufwand

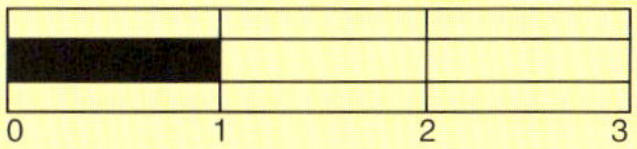

Arbeitszeit

Zusammen mit dem Fliesenlegen benötigen Sie etwa 7 Tage.

Ersparnis

Durch Ihre Eigenleistung sparen Sie ungefähr 3 000 Mark.

Um außergewöhnlichen Badaufbauten wie Waschtischen und Podesten die nötige Stabilität zu geben, benutzt man in der Regel massives Mauerwerk. Hier eine Alternative: Leichte, aber hoch belastbare Hartschaumplatten, deren Styrofoamkern beidseitig mit Glasgewebe und einer Kunststoff-Zement-Mischung kaschiert ist. Die wasserresistenten und wärmedämmenden Platten eignen sich zur Bekleidung von Wänden, Böden und Decken sowie für tragende Konstruktionen im Innenausbau.

1 Auf dem ebenen, tragfähigen Zementestrich kann man die Platten mit einem Spezialmörtel vollflächig verkleben. Die Fliesen können direkt auf dieser Wärme- und Trittschalldämmung verlegt werden.

2 Die Verkleidung des Abwasserfallrohrs ist dank eines Rohrkasten-Elements mit angesetzten Ankern kein Problem.

3 Auch die Wände werden einfach mit den Platten beklebt. Öffnungen für Wasseranschlüsse, Schalter und Steckdosen schneidet man am besten vor dem Ansetzen der Platten mit einem Lochsägeaufsatz für die Bohrmaschine aus.

1

2

3

4

Dann tragen Sie den Spezialmörtel in einzelnen Batzen auf. Das hat den Vorteil, daß Sie die Platten nach dem Ansetzen noch auf den Batzen ausrichten können.
Nach der Fertigstellung der Bekleidung an Wand und Boden müssen Sie alle Fugen mit Gewebeband und Kleber überbrücken.
Wurden die Installationsrohre auf Putz verlegt, können Sie die Platten aber auch als Vorsatzschale auf einer Holzunterkonstruktion verschrauben.

4 Bei der weiteren Gestaltung des Bads sind Ihrer Kreativität kaum Grenzen gesetzt. Mit den Hartschaumplatten können Sie Installationen verkleiden, Podeste und Treppen anlegen, Möbel, Regale und Trennwände bauen. Und das natürlich nicht nur im Bad! Als erstes sollten Sie Ihre Vorstellungen maßstäblich skizzieren. Da die Platten lediglich stumpf aneinander gesetzt werden müssen, ist die Errechnung der einzelnen Zuschnitte dann denkbar einfach.

5 Die Zuschnitte können Sie mit Fuchsschwanz oder Stichsäge ausführen. Bei dünneren Platten reicht auch ein Cutter.

6 Nach dem Zuschnitt bauen Sie die Einzelteile zusammen. Sie werden einfach an Ort und Stelle festgeklebt. Dazu bestreichen Sie die Klebekanten mit einer Dicht- und Klebemasse auf Silikonbasis. Nägel oder Schrauben sind dabei nicht erforderlich.

7 Die treppenförmige Ablagefläche links und das zur Badewanne hin offene Regalmöbel sind fertig. Da Sie in der Bemaßung der Konstruktionen völlig frei sind, können Sie die Einbauten so anlegen, daß sie zum Rastermaß der ausgesuchten Fliesen passen: So werden beim späteren Fliesenlegen die Zuschnittarbeiten auf ein Minimum reduziert. Auch bei der Unterkonstruktion für den Waschtisch entspricht die Höhe des Unterbaus genau einer Fliesenbreite.

8 Nach der Fertigstellung des Aufbaus müssen Sie das Silikon durchtrocknen lassen. Dann erst können Sie die Aussparungen für die beiden Einbauwaschbecken aussägen. Mit einer Stichsäge ist das kein Problem.

9 Auf gleiche Weise werden nun der Korpus für die Badewanne und das Podest aufgebaut. Auch die

Öffnung zum Einsetzen der Badewanne schneiden Sie mit einer Stichsäge aus.

10 Die Hartschaumplatten sind ein idealer Fliesenuntergrund. Ziehen Sie den Klebemörtel zunächst vollflächig auf, so daß er die Stöße und Schnittkanten überdeckt. Dann können Sie den Kleber aufzahnen und mit dem Verfliesen beginnen.

Vor dem Verfugen sollten Sie übrigens die fertig geflieste Schürze der Badewanne mit einer Revisionsöffnung in Höhe des Siphons versehen: Schneiden Sie dazu mit einer Stichsäge je nach Fliesengröße eine Fliese oder ein Quadrat von vier Fliesen aus. Jetzt können Sie die Badewanne einsetzen und durch die ausgeschnittene Öffnung an den Ablauf anschließen. Danach setzen Sie das ausgeschnittene Element mit etwas Klebemörtel wieder ein und verfugen es wie den Rest der Fläche.
Wie üblich, müssen auch hier alle Anschlußfugen dauerelastisch mit Silikon ausgespritzt werden. Auch Badewanne und Einbauwaschbecken werden mit Silikon eingedichtet. Zum Schluß können Sie dann die Armaturen und Ablaufgarnituren anbringen.

5

8

6

9

7

10

Ein Büro im Gewölbekeller

Material
Planbauplatten (62,5 x 25 cm, 5 cm dick), Dünnbettmörtel, Dämmörtel, Kantenschutzprofile, Kalk-Zement-Putzmörtel, Rippensteckmetall, Glättputz, Porenbeton-Nägel.

Werkzeug

Schwierigkeitsgrad

Kraftaufwand

Arbeitszeit
Für den kompletten Ausbau brauchen Sie etwa 1 Woche.

Ersparnis
Sie sparen durch Ihre Eigenleistung rund 2 500 bis 3 000 Mark.

1

Die Bausubstanz des alten Gemäuers war gut. Die Feuchtigkeit hielt sich in Grenzen, Schäden an Steinen oder Fugen waren nicht festzustellen. Für eine Nutzung des Kellers als Büro- und Hobbyraum mußten also lediglich zwei Anforderungen erfüllt werden: Die Verbesserung der Wärmedämmung und die Begradigung der Wände. Mit Porenbeton können Sie beiden Punkten gerecht werden.

1 Der Vorteil dieses Baustoffs liegt indes nicht nur in seinen ausgezeichneten Dämmeigenschften: Für die Verarbeitung brauchen Sie weder Spezialkenntnisse noch eine große Werkzeugausrüstung.

Bei größeren Projekten ist die Anschaffung eines Anlegewinkels und einer Porenbetonsäge sinnvoll. Zur Not kann man den weichen Stein aber auch mit einer anderen grobzahnigen Säge zuschneiden.

2

2 Das hier gezeigte Verfahren ist eine sogenannte Hintermauerung. Da die Hintermauer keine Lasten aufnehmen muß, kann sie mit den nur 5 cm dicken Planbauplatten ausgeführt werden: Das erleichtert die Herstellung von Vorsprüngen und Nischen. Unter der ersten Steinschicht wird als horizontale Feuchtesperre eine Bitumenpappe verlegt. Je nach Zustand des Bodens müssen Sie die erste Lage auf normalen Mauermörtel setzen, damit sie mit Hilfe von Wasserwaage, Richtschnur und Gummihammer exakt ausgerichtet werden kann. Achten Sie beim weiteren Aufmauern dann auf einen ausreichenden Versatz der einzelnen Steinlagen.

3 Die maßhaltigen Porenbetonsteine lassen sich sehr gut bearbeiten. Der Zuschnitt geht einfach von der Hand. Der Anlegewinkel sorgt bei geraden Zuschnitten dafür, daß das Sägeblatt nicht verläuft. Rundungen oder Ausklinkungen können Sie auch mit einer Stichsäge herstellen.

4 Der Dünnbettmörtel, den man einfach mit Wasser anrührt, wird abschnittweise auf Stoß- und Lagerfugen aufgezahnt. Das geht am besten mit einer Spezialkelle.

5 Dann setzen Sie den – gegebenenfalls vorher zugeschnittenen – Stein ins Kleberbett und richten ihn mit Hilfe einer Wasserwaage aus. Dank des praktisch fugenfreien Verbands ist lotrechtes Mauern kein Problem.
Installationsrohre und Elektrokabel können Sie im Hohlraum zwischen Außenwand und Hintermauerung verschwinden lassen.

In diesem Fall wurde der Hohlraum zusätzlich lagenweise mit Dämmmörtel gefüllt: Dadurch optimieren Sie zum einen den Wärmeschutz, zum andern entsteht ein fester Verbund zwischen den beiden Mauerschalen.

6 Einen sauberen Abschluß an Außenecken erreichen Sie durch das Aufsetzen von Kantenschutzprofilen, die zugleich als Putzlehren fungieren. Sie werden mit Dünnbettmörtel angeklebt und mit der Wasserwaage ausgerichtet.

7 Trennwände zieht man auf die gleiche Weise hoch. Sie müssen allerdings in den angrenzenden Wänden verankert werden. Dazu kann man Spezialanker, aber auch rostfreie Winkelbleche verwenden. Um planebene Oberflächen und damit saubere Mörtelschichten zu erreichen, können Sie die jeweils versetzte Lage mit einem Schleifbrett nivellieren.
Für Türöffnungen gibt es Fertigstürze mit eingegossenen Stahlbewehrungen, die wie die normalen Planbauplatten ins Mauerwerk integriert werden.

8 Letzte Unebenheiten an der Laibung der Türöffnung (aber auch an den Wandflächen) können Sie mit einem speziellen Porenbeton-Hobelbrett egalisieren.
Die Anschlußfugen zu Wänden und Decke werden abschließend mit Montageschaum ausgespritzt oder – wie hier zu sehen – mit Dünnbettmörtel verspachtelt.

3

6

4

7

5

8

9 Die bestehenden Türöffnungen wären durch das Vorsetzen von Porenbetonplatten zu eng geworden. Sie wurden darum vollflächig verputzt.

10 Zuerst nagelt man dazu ein passend zugeschnittenes Stück aus Rippenstreckmetall auf die zu verputzende Fäche.

Profitip
Für Befestigungen in Porenbeton gibt es außer Spezialdübeln auch spezielle Porenbetonnägel, die auch in dem weichen, porigen Baustoff einen guten Halt sicherstellen.

9

10

Das Streckmetall gleicht Spannungen aus, die durch die unterschiedliche Wärmedehnung der verschiedenen Baustoffe entstehen können. Es ist auch zur Überbrückung von Rissen geeignet.

11 Der Kalkzementmörtel muß mit der Glättkelle in das Streckmetall eingearbeitet werden. Dann erfolgt ein flächiger Zweitauftrag, den man mit einem Brett abzieht.

Zum Schluß werden die begradigten Wandflächen mit einem dünnschichtigen Glättputz (z. B. dem speziell für diesen Zweck entwickelten Porenbeton-Finish) verputzt. Da dieser Glättputz maximal 5 mm dick aufgetragen wird, ist der Aufwand an Zeit und Material wesentlich geringer als beim Verputzen konventionellen Mauerwerks.

Je nach den baulichen Gegebenheiten und der beabsichtigten Nutzung sollten Sie nun noch den Kellerboden abdichten und dämmen. Als Oberbelag wurde hier ein Velours-Teppichboden verlegt.
Damit ist aus dem alten Keller ein geräumiges Studio geworden (vgl. Seite 90).

11

Wo finde ich was?

Abböschung für Kellerfenster 78
Abdichtung der Kellerwände 10, 30
Abhängesysteme 19
Abwasser 14, 51
Aufsparrendämmung 34
Ausbauplatten 16, 18, 20, 38, 40, 82, 86

Badausbau 86
Baugenehmigung 7, 10, 24
Befestigungstechnik 20, 94
Bodenbeläge 27, 58
Brandschutz 7, 16, 18

Dachausbau 8, 52, 82
Dachdämmung 8, 34, 52, 82
Dachflächenfenster 23, 68
Dachformen 6
Dachschrägen bekleiden 9, 18, 52, 83
Dämmstoffe 17, 34, 53, 83
Dampfsperre 37, 55, 83
Decke dämmen 39
Decken und Wände bekleiden 19, 42
Dekorputz 26
Dielen verlegen 47, 58
Dispersionsfarben 26
Dünnbettmörtel 21, 48

Elektroinstallation 15
Estrich 45

Fenster 22, 68, 78
Fertigparkett 27
Feuchte Kellerwände sanieren 10, 30
Feuchträume ausbauen 18, 86
Fliesen 26, 27
Fußboden
– abdichten 46
– aufbau 47, 54, 58, 60
– nivellieren 20, 45, 61, 85
– Verlegeplatten 20, 58, 60

Gauben 23
Gipsfaserplatten 20, 39
Gipskartonplatten 18, 38, 40, 72, 82

Hartschaumplatten 16, 36, 39, 86
Hebeanlagen 14
Heizungsinstallation 12
Hohlraumdübel 20
Holzbalkendecke dämmen 47
Holzböden 27, 58
Holzfaserplatten 20, 39, 47, 62
Holzwolle-Leichtbauplatten 20

Innendämmung 38, 90
Innenputz verarbeiten 49
Innentüren 25, 76
Innenwände 44, 48, 72, 93

Kalksandstein 21
Keller
– ausbau 10, 86, 90
– boden 46
– fenster 23, 78
– trockenlegen 10, 30, 46
Kunststoffrohre 51

Laminatboden 27
Leichtbauwand errichten 72
Leichtbetonsteine 21
Lichtschächte 78

Massivholzdielen 58
Mauerabdichtung 30, 32
Mauermörtel 21
Mauern 48
Mauersteine 21, 48, 90
Metallständerwerk 43, 72
Mineralwolle 16, 18, 34, 53, 83
Mörtel 18, 21, 90

OSB-Platten 20, 27

Paneele 26
Parkett 27
Porenbeton 21, 48, 90
Profilholz 26, 56
Putz 26, 32, 49
Putzmörtel 21, 32, 49, 90

Raumspartreppe 24, 64

Sanierputz 32
Sanitärinstallation 14, 50
Schalldämmung 47, 58, 60, 62, 84
Schimmelsanierung 33
Schrägen bekleiden 9, 18, 52, 82
Spindeltreppe 24, 64

Tapeten 26
Tauwasser 34
Trennwand 44, 48,72, 93
Treppen 24, 64
Trinkwasserleitungen 15, 51
Trittschalldämmung 47, 58, 60, 62, 84
Trockenausbau 18, 38, 40, 44, 73, 82
Trockenausbau von Feuchträumen 86
Trockenestrich 18, 19, 45, 58, 60, 84
Trockenschüttung 16, 19, 36, 45, 61, 85
Türen 25, 76

Unterkonstruktion 43, 56
Untersparrendämmung 36

Verbundplatten 17, 39
Verputzen 26, 32, 49
Vorsatzschale 38
Vorwandinstallation 50

Wände bekleiden 18, 38, 42, 56, 82
Wärmedämmung 16, 34, 38, 48, 53, 82
Wasserinstallation 14, 51

Zelluloseplatten 20, 39
Zementestrich 45
Ziegelsteine 21
Zwischensparrendämmung 34, 53, 83

Abbildungsverzeichnis

Die nachstehend aufgeführten Firmen haben Bildmaterial bzw. Illustrationen zur Verfügung gestellt. Da sie damit zur Gestaltung dieses Buches beigetragen haben, möchten wir ihnen für die freundliche Unterstützung danken.

Arbeitsgemeinschaft Holz e. V., Füllenbachstr. 6. 40474 Düsseldorf, 0211/478180: S. 26 (1), 47 (1).

Bauta, Pf. 1162, 45702 Datteln, 02363/399-0: S. 32, 33.

Daniel J. Edelmann GmbH, Schumannstr. 1-3, 60325 Frankfurt/Main, 069/756199-0: S. 17 (1), 35 (1).

Deutsche Rockwool, Karl-Schneider-Str. 14-18, 45966 Gladbeck, 02043/408-0: S. 36 (1), 45 (1).

Dörken, Wetterstr. 58, 58313 Herdecke/Ruhr: S. 31 (1), 35 (1), 37 (3).

Dusar, Industriegebiet, 56584 Anhausen, 02639/921-0 : S. 14 (1).

Erfurt, Beyenburger Str. 38, 42391 Wuppertal, 0202/61100: S. 26 (1).

Fels-Werke, Pf. 1460, 38604 Goslar, 05321/703-0: S. 17 (1), 39 (1).

Fischerwerke, 72178 Tumlingen/Waldachtal, 07443/12-0: S. 20.

Fränkische Rohrwerke, Hellinger Str. 1, 97486 Königsberg: S. 31 (2).

Glunz, Glunz Dorf, 59063 Hamm, 02381/917-0: S. 60-61, 63.

Grünzweig + Hartmann, Dr.-Albert-Reimann-Str. 20, 68526 Ladenburg, 0621/4701-0: S. 16, 34.

Hebel AG, Industriegebiet, 82275 Emmering: S. 21 (1), 48, 90-94.

Henke Treppenwerke, Am Hafen 3-5, 32312 Lübbecke, 05741/9004-0: S. 24 (1), 64, 67.

H. Henselmann GmbH & Co. KG, Pf. 201320, 79753 Waldshut-Tiengen, 07741/6099-0: S. 39 (1).

Homann Dämmstoffwerk, Gewerbegebiet, 06536 Berga, 034651/416-21: S. 17 (1), 39 (1).

IVH Industrieverband Hartschaum, Pf. 103006, 69020 Heidelberg, 06221/776071: S. 36 (1), 39 (1).

Knauf Bauprodukte, Pf. 10, 97346 Iphofen: S. 7, 19 (4), 37 (3), 38, 40-42, 44, 45 (1), 49, 72-75, 82-85.

Marley, Pf 1140, 31515 Wunstorf, 05031/53-0: S. 14 (1), 51.

Mea Meisinger, Pf. 1220, 86543 Aichach, 08251/91-0: S. 23 (1).

Carl Ed. Meyer, Berner Str. 55, 27751 Delmenhorst, 04221/ 59301: S. 27 (1).

Moderne Bauelemente, Pf.103120, 28031 Bremen: S. 22 (1), 25 (1), 76.

Moralt Fertigelemente GmbH + Co., Pf. 1254, 86730 Oettingen: S 76.

Osmo, Hafenweg 31, 48033 Münster, 0251/692-0: S. 52-59.

Perlite,Pf. 103064, 44030 Dortmund, 0231/9980-02: S. 17 (1), 19 (1), 36 (1).

RÆ Redaktionsbüro, Hauptstr. 86, 66482 Zweibrücken, 06332/73273: S. 6, 9, 11, 22 (2), 25 (1), 30, 43, 46, 47 (1), 62, 65, 66, 69, 70, 77, 81.

Roto Frank AG, Pf. 100158, 70771 Leinfelden-Echterdingen, 0711/7598-0: S. 23 (1), 68.

Sakret, Otto-von-Guericke-Ring 3, 65205 Wiesbaden-Nordenstadt, 06122/9138-0: S. 21 (1).

Schöck Bauteile GmbH, Vimbrucher Str. 2, 76534 Baden-Baden, 07223/967-0: S. 78, 79.

Redaktion »Selbst ist der Mann«, Industriestr. 16, 50735 Köln, 0221/7709-508: S. 26 (1).

SMS GmbH, Weberstr. 30, 41334 Nettetal, 0172/2008432: S. 50.

Stiebel Eltron, Dr.-Stiebel-Straße, 37603 Holzminden: S. 13.

Tehalit, Pf. 128, 67716 Heltersberg, 06333/992-0: S. 15.

Texact Thomas Latzke, Wilhelmstr. 48, 53879 Euskirchen, 02251/970-191: S. 25 (1), 71.

Treppenmeister Partnergemeinschaft, Ringstr. 4-6, 71131 Jettingen, 07452/7420: S. 24 (1).

Ultrament, Pf. 230150, 45069 Essen, 02041/6909-0: S. 19 (1), 86-89.

ZEG, Schwieberdinger Str. 28, 70435 Stuttgart, 0711/13666-0: S. 27 (1).

Ziegelwerke Gebrüder Laumanns, Stiegstr. 88, 41379 Brüggen, 02157/14130: S. 21 (1).